Das Tor des Selbst

Über den Autor

Ralph Engeler ist Familienvater und seit 1993 geschäftsführender Gesellschafter eines Handelsunternehmens. Er hat neun Jahre in den USA gelebt und unter anderem an der American Graduate School of International Management, Arizona, seinen Master abgeschlossen. Ralph ist ein sehr bodenständiger Mensch, der mit beiden Beinen fest im Leben steht. Sein Leben änderte sich im Jahre 1999 durch eine schwere Erkrankung. Dadurch wurde ihm klar, dass er sein Bewusstsein für heilende Energien öffnen musste, um gesund zu werden. Sein Weg führte ihn über Reiki, Matrix Energetics, Quantenheilung und Engelwahrnehmungen zu einem erweiterten Bewusstsein. Durch seine tägliche Meditationspraxis kann er sich intensiv mit der geistigen Welt verbinden, hieraus Heilkräfte schöpfen und auch weitergeben. Seit 2007 lebt Ralph seine Aktivität als medialer und energetischer Kanal sehr intensiv. Ralph hat über viele Jahre täglich Botschaften aus der feinstofflichen Welt erhalten und sie niedergeschrieben. Mittlerweile vermittelt er sein Wissen und seine medialen Fähigkeiten in Seminaren und individuellen energetischen Heilbehandlungen. Ziel seiner Arbeit ist immer, die Menschen in ihre eigene Kraft hinein zu begleiten. Im April 2017 wurde ihm von der feinstofflichen Welt zudem aufgetragen, die „Keys to the Inner Universe" aufzuschreiben und ins Leben zu rufen. Diese Botschaften sind als Kartenset erhältlich und helfen den Benutzern, in die eigene Kraft zu kommen, mehr über sich selbst herauszufinden und von innen heraus zu heilen.

Ralph Engeler

Das Tor des Selbst

1. Buch der Botschaften

Impressum

Bibliografische Information der Deutschen Nationalbibliothek:
Die Deutsche Nationalbibliothek verzeichnet diese Publikation in der Deutschen Nationalbibliografie; detaillierte bibliografische Daten sind im Internet über http://dnb.dnb.de abrufbar.

© 2019 Ralph Engeler

weitere Mitwirkende: Humanity in Motion GmbH
Herstellung und Verlag: BoD – Books on Demand, Norderstedt

ISBN: 978-3-7386-0421-4

Vorwort

Wir leben alle in einer Zeit, die sich sehr im Außen bewegt. Die Welt ist in einem globalen Umbruch. Krisen im Außen, aber auch persönliche Krisen im Innen führen dazu, dass sich die Menschheit auf die Suche nach dem Sinn des Lebens macht. Auch mich führte eine persönliche Krise dazu, mich auf den Weg zu machen um Lösungen zu finden, wie ich meinen wirtschaftlichen Sorgen und den damit verbundenen Ängsten entkommen konnte.

In dieser Zeit fiel mir das Buch „The Abudance Book" von John Randolph Price in die Hände. Über das Lesen und die damit verbundenen Übungen bekam ich einen tiefen Zugang zur immateriellen geistigen Welt. Ich merkte, wie ich mehr und mehr Zugang zum Göttlichen und damit zu mir Selbst bekam. Ich hörte täglich in mir wunderschöne Botschaften der geistigen Welt, die mich mehr und mehr aus meiner persönlichen Lebenskrise herausführten. Ich wurde gelassener, freud- und liebevoller und konnte alle Herausforderungen der damaligen Zeit meistern.

Das Empfangen dieser Botschaften wurde zu einem täglichen Erlebnis, das mich stärkte, mich von Energieblockaden befreite und mir die Kraft gab, von da an gelassen und mit viel Freude das Leben zu genießen.

Die Kraft der Botschaften und die damit verbundenen energetischen Schwingungen waren fortan meine Energiequelle und das Tor zu meinem Selbst.

Nun ist es an der Zeit, euch diese Botschaften zugänglich zu machen. Sie werden euch hilfreich sein, in euer „Bewusst-Sein" zurückzufinden. Die Botschaften sind durchtränkt mit der Energie der feinstofflichen Wesen, die sie überbrachten. Ihr werdet aus ihnen Trost, Kraft, Hoffnung, Heilung und Freude empfangen können.

In Liebe und Dankbarkeit,

Ralph

Mehr zu mir, Humanity In Motion, Seminaren, Meditationen und weiteren Botschaften unter: www.humanityinmotion.de

Umgang mit den Botschaften

Diese 52 Botschaften werden dich in die Verbundenheit mit dir selbst und deinem höheren „Bewusst-Sein" bringen. Dabei ist es für dich nicht notwendig, sie hintereinander zu lesen. Vielmehr solltest du dir bewusst die Zeit nehmen, sie in Ruhe und Stille aufzunehmen. Intuitiv wirst du die richtige Botschaft für dich und deine Lebenssituation wählen. Lass dich einfach vom Universum leiten.

Erlaube dir, komplett zu entspannen. Vertraue dabei so tief den übermittelten Worten und energetischen Schwingungen, dass du dich bis in die letzte Faser deines Körpers entspannst und erholst. Dabei baut sich deine Energie auf. Sie wird bunt und kraftvoll. Deine Seele ist nun aktiv und kann schalten und walten. Deine Intuition wird erhöht. Deine Widerstandskraft und dein Immunsystem werden aufgeladen und expandieren. Alles in dir erweitert sich. Alles in dir heilt und ordnet sich neu. In dieser Tiefe bist du geborgen. Es ist dein Ort der Transformation. Genieße und erlaube, denn es geht um dich!

Anmerkung:
Die empfangenen Botschaften sind so niedergeschrieben, wie sie übermittelt wurden. Die persönliche Ansprache ist bewusst mal in Groß- und mal in Kleinschreibung gehalten, um den Worten mehr Ausdruck und Tiefe zu geben und die damit verbundene energetische Schwingung zu erhöhen. Kleine grammatikalische „Fehler" sind gewollt – sie unterstreichen die Authentizität der Botschaften.

Gewähren lassen

Es ist ein Tag der Freude. Wieso? Weil du dich dafür entschieden hast, dass es einer ist. Freude bedeutet doch, dass du dich in Dir wohl fühlst. Ein warmes Herz hast dem es gut geht. Gedanklich bist du voll bei Dir und besinnst dich der schönen Zeiten, die du gerade durchlebst. Durchleuchte Dein Leben und „zähle" dein Glück. Durchleuchte, was sich wann, wo, wie gewendet hat, was du gelernt hast. Jetzt bist du reifer und verstehst dich selbst schon mehr.

Was aber ist der nächste Schritt für dich? Es ist das „gewähren lassen", sich nicht einbringen, das Zuschauen!

Das soll Dir weiterhelfen sagst und fragst du? Ja, mal an der Seitenlinie stehen und einfach zuschauen! Nimm dir eine „Tüte Chips" (sinnbildlich), oder was auch immer du magst. Lehne dich zurück und schaue zu. Kreiere deine eigenen Gedankenvorgänge aber erwarte nicht, dass sie erfüllt werden, denn das Geschehen auf der Welt ist zu bunt, als dass man alles vorahnen kann.

Was gibt es da besser als seinen Einsatz abzuwarten, ihn unaufgeregt zu antizipieren. Den Einsatz zu spüren, wenn er kommt, wie ein Adler der kreist, bis er etwas sieht.

Antizipiere. Sei bereit. Sei wachsam, aber lasse dich nicht ablenken von dem, was wir „Leben" nennen. Ja, sei wachsam, schalte deinen Modus auf „innere Führung" und sei gespannt, wann sie anspringt. Der innere Modus erhört vieles mehr als du nur vermuten magst, er ist Dein Gespür, Dein Lotse und Deine Eingebung. ER ist der Bewacher Deines Selbst, denn ER ist in Dir.

So entspanne in dem Bewusstsein der Erweiterung des inneren Friedens. „Ich bin ganz entspannt und genieße meinen inneren Frieden in dem Bewusstsein, dass Ich geschützt und behütet bin."

Erzengel Raphael

Umbruch in ein neues Zeitalter

Die symbolische Kette der Ereignisse ist das, was dich treibt: Dich zu verändern und das Neue zu suchen. Die Symbolik ist der Abbruch von alten Machenschaften und Strukturen. Diese werden jetzt aufgebrochen und neu installiert.

So ist ein Umbruch möglich, wenn alle an einem Strang ziehen, die in einem Team sein wollen.

Müssen deswegen alle einer Meinung sein? Nein. Die Tore stehen offen und jeder schreitet durch das Seine, geht an seinen Platz und erkennt ihn als den seinen an.

Welche Struktur wird er haben? Eine leichtere, eine, die Ihr besser „er-tragen" könnt. Eine, die euch zum Leuchten bringt.

Was sollt ihr schaffen oder erschaffen? Seelenfrieden, Demut und Lockerheit. Lockerheit im Sein.

Beobachte was Du tust, was sich tut. Erkenne die Chancen und die „Reichtümer" die auf deinem Weg liegen. Sammle sie auf, nimm sie an, denn sie sind deine. Nein, nicht für immer, aber solange Du sie benötigst. Warum auch länger – oder? Jeder hat das, was er benötigt.

Gehe deinen Weg in Frieden mit dir selbst. Verurteile dich nicht, sondern erlöse dich von dem Urteilen, denn es strengt an und birgt keinen Frieden in sich, sondern Krampf und Kampf.

So lasse los von dem Gefühl, dass Du anders sein musst oder etwas anderes tun musst, als du tust.

Du bist unser geliebtes Wesen.

So ist es.

Sei!

Erzengel Gabriel

Die Göttlichkeit in Dir – Vertrauen in uns

Du suchst dich selbst und deinen Platz im Universum? Wo bin ich? Was kommt als Nächstes? Was soll ich machen? Fragen über Fragen aus der Angst kommend?

Du bist überrascht, wie schnell wir auf dich einwirken können, oder? Du hast doch schon so viele Beispiele erlebt, wie wir dir geholfen haben. Warum sollten wir dies nicht mehr tun? Wir bringen dich doch auch auf diese Straße, oder? Wir führen dich doch, oder? Warum sollten wir dich hängenlassen, jetzt? Warum? Also, genau genommen hast du unsere volle Unterstützung.

Muss es deswegen immer einfach sein?

Dein Weg bist Du, vertraue ihm. Deine Essenz ist stabil und Dir geht es gut. Die Wogen glätten sich bald. Die Wogen und das Schiff kommen zur Ruhe und können atmen. Vertraue uns.

Sei Du und sei gelassen.

So wie du dich siehst bist Du nicht. Nicht hilflos und gefangen. Du bist dort, weil du Kraft und Macht ausübst, dich einbringst, kreierst und gestaltest. Siehst du das nicht?

Alles wird neu! Auch Du!

Deine Substanz wird erhöht. Du wirst magisch anziehen was zu dir kommen soll. Das weißt du!

So ist das!

Finde in dem, was du tust, auch eine innere Ruhe. Gehe gelassen an „Deine Arbeit". Erkenne alles als eine Erfahrung für dich! Erweitere deinen Horizont. Gehe auf das ein, was dir gegeben wird.

Dein Dich liebender Engel.

Iradiel

Das Feuer in Dir

Wie entfache ich das Feuer des Lebens in Dir? Durch Bereitwilligkeit! Sei bereit dich „selbst zu entzünden". Sei bereit die Flamme des Nordens und des Südens zu empfangen.

Überlasse die Kräfte mir. Sei nur bereit zu empfangen.

Diese Zufuhr aus purpurnen Energien kommt auch deinem Hals-Chakra zugute, sodass du kraft- und machtvoll sprechen kannst.

Öffne jetzt deine Energien zum Empfang. Empfange jetzt. „Ich empfange die göttliche Energie der inneren Kräfte und nehme sie in mir auf. Sie gedeihen in mir und ich werde kraft- und machtvoller in mir selbst. Ich bin!"

Erlaube diesen Kräften in Dir zu wirken. Lasse sie sich ausdehnen, in neue Bereiche hinein, in dich hinein.

Sie umfangen dich, nähren dich und halten dich. Es sind Botenstoffe des Friedens, des inneren und äußeren Friedens.

Gewissheit! Ja, Gewissheit um uns und all das, was dich ausmacht.

Ich bin Uriel und ich erlaube dir jetzt mich und meine Kraft zu berühren. Spüre mich.

Nimm meine Kräfte in Dir auf.

Die Energien des Westens und Ostens spüle ich jetzt in dich hinein. Die Energien ummanteln dich, ergreifen deine Ängste und lösen sie auf.

Du bist klar. Du bist rein.

So sei es.

In liebevoller Umarmung.

Erzengel Uriel

Die Türöffner

Energie, ja Energie geladene Tage werden folgen. Alles wird sich fügen. Nichts bleibt unausgesprochen. Es wird sich drehen und wenden. Die Turbulenzen sind schon jetzt schwächer als vorher. Brisante Tage und dennoch Ruhe.

Wir öffnen die Tore für dich. Schreite hindurch. Diese Tore sind wunderschön. Du verdankst sie uns. Wir haben sie für dich bereitgestellt, damit Du sie durchschreiten kannst. Willst Du das? Ja? Dann ist gut. Denn die andere Alternative ist neue Tore zu kreieren, die noch gar nicht so weit sind. So ist dein Weg harmonischer, ausgeglichener. Diese Tore sind Stationen auf Deinem Weg. Du durchschreitest sie, jedes zu seiner Zeit. Wir geleiten dich dabei.

Höre immer wieder auf dein Inneres. Widerstreben? Machthaberei? Nein. Es ist der harmonische Fluss den Du anstrebst. Innere Einkehr und Ruhe.

Dieser Tag ist ein lichtvoller Tag. Genieße ihn, lebe ihn, auch wenn Schwankungen da sind.

Jetzt verlasse dich auf mich. Es wird die Richtung haben, die es haben soll. Erzengel Gabrielle und Simon werden Dir helfen deine eigene Spur nachvollziehen zu können.

Es werden Gespräche geführt und Dinge erläutert. Nichtsdestotrotz, dein Seelenfrieden ist gesichert, ob du nun hinhörst, oder nicht. Der Glaube an uns ist sehr wichtig, denn wir sind deine Türöffner.

Geistige Führer nennt ihr es auch.

Erzengel Raguel

Der Begleiter ins Dasein

Wer begleitet euch auf Euren Wegen wollt ihr oftmals wissen. Wer ist es, der mich begleitet? Wer bringt mich ins Dasein hinein, ins Hier und Jetzt? Wir meinen hier nicht die Hebamme sondern die himmlischen Helfer, die dir den Weg ins neue Dasein erleichtern.

Es sind spirituelle Ahnen, die Dir helfen. Es sind liebvolle Energien, die dich dann umfangen, wenn du in diese Familie hineingeboren wirst. Es ist die Verbindung zu den Seelen, die dann hergestellt wird.

Du verbindest dich mit dem Leid und auch dem „Los" der Familie, sowie der Freude und den Aufgaben. Es ist ein spiritueller Auftrag, der dich dann begleitet. Das „Hinüberbringen" ist also eine Aufgabe der Familie, genauso wie das Empfangen auf Erden.

Es ist alles geplant, so wie es sein soll.

Warum die Bürden? Die Wachstumsschübe kommen von Innen und Du brauchst ein Ziel dafür. Dies wird dir bereitgestellt durch die Aufgaben, die auf Dich zukommen.

Wofür brauche ich Gewalt? Gewalt ist eine harte Ausdrucksform des Unwohlseins. Es bringt eine enorme Kraft empor, die dann sein Ziel sucht. Wenn es dann nicht da ist, dieses Ziel, kommt ihr ins Schwanken und lasst los von euren eigenen Lebensvorsätzen.

Dies verhindern wir jetzt, in dem wir Euch einen Schlüssel geben für euer eigenes System der Wahrnehmung.

Ihr nehmt wahr. Ihr erkennt und die Geduld ist da, dies zu spüren und zu erfahren. Ihr kommt nicht mehr so schnell aus eurer Mitte heraus.

Ein neues Zeitalter fängt an, das der Harmonie.

So sei es.

Samuel

Das Öffnen von Türen

Die Engel Gabriel und Raguel kommen zu dir.

Besonnenheit im Antlitz dessen, was Euch begegnet. Schaut genau hin. Ja, es ist ein Regenbogen, es ist etwas Neues, Erweiterndes, das da auf Euch zukommt. Erhebt Euer Bewusstsein, damit ihr es noch besser empfangen könnt. Es ist etwas wunderbares, diese neue Energie. Wie sie befreit von Kummer und Sorgen und all das erhellt, was im Dunkeln lag.

Jetzt, schreite jetzt voran. Öffne die Türen von denen du weißt, dass sie Dir „missraten" sind. Es sind Türen an denen Du gezweifelt hast oder verzweifelt bist. Sie gestalten sich jetzt neu. Du hast plötzlich Zugriff und nimmst einen neuen Anlauf um diese „Bastion einzunehmen", diese Türen zu öffnen.

Jetzt erkennst Du. Jetzt weißt Du, was das alles sollte und wo das alles hinführen darf. Ja, jetzt verstehst Du es.

Jophiel und Gabriel sind Begleiter. Sie kommen um dir über die Schwelle zu helfen. Die innere und die äußere Schwelle.

Schaue sie dir an diese Schwellen und spüre, wie Du hinüber getragen wirst. Deine Beine berühren den Boden und dennoch schwebst Du nur so in das Neue hinein, getragen wie von einem Wind.

Jetzt ist die Zeit des Wandels auch in dir gänzlich angekommen. Du findest dich in einer neuen Welt wieder.

Sei froh, dass du hier bist. Wir danken dir für deine Gaben und deinen „Reichtum", den du mit einbringst in das gesamte Gefüge Erde.

Erzengel Raguel

Mondkräfte

Der Mond und seine Kräfte wirken jetzt auf dich ein. Er ist am Himmel auch wenn Du ihn nicht siehst. Er ist da. Die Mondkräfte wirken. Silberhelle Strahlen der Erleichterung sind unterwegs zu Dir.

Atme. Atme sie ein, diese Strahlen, denn sie befreien dich von Vorurteilen. Dankbarkeit - öffne dein Herz in Dankbarkeit. Mut - den Mut fassen Neues zu tun. Auch dies bringt dir die Mondkraft. Gepaart mit der Energie des Universums wirst Du deinen Mut noch mehr einbringen können. Es ist der Mut zur Veränderung. Anders zu sein als sonst. Dich der Planung Gottes hingeben zu können, sie in Dir wirken zu lassen. Dich ihr zu ergeben. Vertrauend in die Energie hineintauchend. Wissend, dass Du geschützt und behütet bist. Wissend, dass Du ein wichtiger Bestandteil von „all dem das ist" bist.

Bringe dich liebevoll ein. Wir zeigen dir wie. Wir sind deine Brüder und Schwestern im Kosmos, wir bringen Dir neues Karma. Das alte wird gelöst und befreit. Dein Tun ist nunmehr leichter und freier. Freier und friedvoller. Du wirst es spüren und erfahren. Diese Energie, eine Engelsenergie, befreit so sehr, dass Du anderen auf diesem Weg helfen kannst. Ja, auch Du bist ein Befreier von Karma und erkennst was zu tun ist. So sei es.

Die Mondstrahlen helfen, nähren und bewegen sich in und um dich herum. Warum der Mond? Die Nähe zur Erde und die globale Erwärmung machen diesen Schritt nötig. Der Mond gleich aus. Er ist Stabilisator in eurem Kosmos. Er gleicht aus, er ist eine Ausdrucksform Gottes, die ihr erst noch erkennen müsst.

Der Kern des Mondes ist ein Bestandteil eures Selbst. Deswegen spürt Ihr ihn so intensiv. Der Bezug zu ihm ist größer, als zu allen anderen kosmischen Sternen und Planeten. So dankt der Erde, dass sie euch trägt. Der Mond jedoch trägt dazu bei, dass sie stabil bleibt.

Danke, Mond.

Brüder und Schwestern im Kosmos (im „All")

Erfahre den Moment des Seins

Ja, sieh doch mal wie die Welt so ist. Was gibt sie dir und was nimmt sie dir?

Was sind die Aspekte deines Traumas? Wo steckst Du fest? Wo bist Du nicht frei?

Sorge dich nicht um das Morgen, es kommt von allein.

Interessante Auffassung! Ja, und befreiend ist sie! Es nimmt Dir die Last, die dich nach unten drückt, immer alles vorher wissen zu müssen.

Warum auch? Erfahre doch jeden Moment so wie er ist - ein Geschenk Gottes.

„Nach oben" geht es früh genug. Bis dahin genieße deine Reise durch Deine Welt und das „All".

Das „All", ja, das All, nimmt und gibt – so ist es nun einmal geplant. Willst du dich beschweren? Nein? Na, denn lass los von dem was ist und genieße es stattdessen. Es verändert sich eh, oder?

Alles wird neu, immer fort. Sieh nur die Blumen, die Wiesen und auch das Wissen der Menschen, die dir begegnen. Tut sich da was - was meinst du? Beobachte. Dich, die Anderen, das drum herum.

„Ich erkenne die Gaben Gottes an! Ich erkenne den Gesang der Vögel und Ich erkenne den Ruf der Eule."

Die Eule, ein Nachtschwärmer, begleitet dich auf deinen Reisen. Sie hilft Dir deinen Weg zu finden.

Sei treu zu dir selbst. Gestehe dir ein nicht alles zu wissen und spüre, wie Du dankbar die Führung annimmst, die du erhältst.

Danke.

Erzengel Gabriel

Transformation von Energien

Wie befreie ich mich von anderen Energien, die auf mich eingeprasselt sind, fragst du dich.

Spüre diese Energien. Wie fühlen sie sich an? Wie sind sie? Sind sie unstrukturiert, durcheinander oder zusammenhängend aber penetrant?

Nimm diese Energie(n) und transformiere sie, in dem du sie und dich selbst umarmst. Du besinnst dich auf dein Inneres und gehst dort auch gedanklich hin. Du bringst deine reine Struktur empor. Du lässt sie „vorblitzen".

Deine Energie umhüllt die alte Energie. Du darfst sie noch einmal spüren. Dann fängst Du an zu spüren, wie deine eigene Energie immer mehr die „Macht" ergreift.

Deine Energie ist bleibend, die der anderen ist flüchtig.

Jetzt bedankst Du dich für die Erfahrung.

Wenn du spürst, dass dir jemand eine „ungewollte" Energie schickt, hinterfrage sie nicht, sondern löse sie liebevoll auf. Wichtig ist nur, dass Du in deiner eigenen Essenz und Energie bleibst.

Ja, es gibt auch harmonische Energien die du dann umarmst und integrierst. Sie sind erweiternd und werden Bestandteil auch von Dir.

Es ist die Liebe in Dir, die dieses wunderschöne Schauspiel annimmt.

Die Liebe ist es auch, die die Bestandteile der „anderen" Energie auflöst und zum Ursprung zurückführt.

So sei es.

Erzengel Gabriel

Konstruktive Hilfe

Du möchtest konstruktive Hilfe haben sowie spürbare Beweise unserer Hilfe? Du bittest um Respekt für deine Wünsche?

Zum Empfang dieser Hilfe musst Du noch etwas tun: Zuhören und geschehen lassen. Die Hilfe ist nicht immer so wie Du dir sie vorstellst. Sie kommt in Schüben und erleichtert das, was du durchmachst. Nimm unsere Hilfe an. Sei offen. Sei bestimmt in deinen Wünschen. Erzähle sie uns. Wir nehmen die Energie auf und wandeln sie in brauchbare Fürsorge für Dich um. Es ist eine Erleichterung für dich.

Die Emotionen werden geglättet und Du siehst klarer. Du erkennst mehr von deinem Weg vor dir. Du spürst wohin du gehen musst.

Türen öffnen sich, die du durchschreiten kannst. Folge mir und meinen Impulsen. Ich führe dich durch das Dornendickicht hindurch zurück in den Sonnenschein, den Du so suchst in dir.

Trotz allem, sieh dich um. Observiere das, was dich umgibt. Rieche daran. An dem Dornenbusch sind auch Blüten die besonders süß riechen. Nimm diese Essenz in dir auf und gehe nicht einfach daran vorbei. Jede Situation enthält ihre eigene Würze.

Jetzt kümmere dich nicht um Deine Sorgen und auch nicht um das, was sein wird. Sei frei von all dem was dich bewegt und schaukele nur mal so dahin. Beobachte was passiert, wenn du nicht kontrollierst, sondern nur beobachtest. Interessante Aufgabe, nicht wahr?

Ja, jetzt trittst Du einen Schritt zurück und erlaubst uns zu heilen. Das in dir zu heilen, was schon lange brach liegt: Dein Selbst! Dein Selbst, das emporkommen möchte, hat nun den Raum zum agieren. Dabei helfen wird dir!

Eile gibt es hier nicht. Es ist ein göttlicher Plan der dich umringt und dieser wird ausgeführt. So gehe deinen Weg in Frieden.

Samuel

Offenbarung

Es wird alles klarer, viel klarer. Alles legt sich, die Rochaden sind beendet. Atmen, tief durchatmen. Die Wirbel der Verstoßenen verlassen Deine Aura, sie sind hinfort. Jetzt kommt die neue Energie und übernimmt rasch das Ruder. Es geht auf zu neuen Horizonten, also halte dich fest.

Die Rochaden, die stattfanden, waren notwendig geworden. Die Energien und das Auge passten nicht mehr zusammen, sie waren getrennt. Das, was Du gesehen hast, war Illusion. Jetzt kommt Substanz! Das ist was Du willst! Du willst spüren, wie du in der Tiefe verwurzelt bist, ja sogar verankert bist. Dies ist eine Kraft bringende Substanz. Sich so sehr dem Leben „verpflichtet" zu fühlen, dass man unbedingt hier und jetzt sein möchte und nicht irgendwo anders. Verstehst du das Wunderschöne und Ergreifende das darin enthalten liegt? Sich im Hier und Jetzt wohlfühlen und auch dort ankommen. In diesem Moment zu sein, ihn zu erleben. Das ist dein Ziel. Lebendigkeit in Dir spüren, das Leben genießend.

Narzisse. Die Narzisse ist jetzt ein Geschenk an dich, denn du kannst sie gut gebrauchen. Sie ist ein Symbol des Friedens. Atme sie ein, nimm die Essenz in dir auf. Sei jetzt einfach nur noch Du, denn wir brauchen Frieden, ganz viel Frieden.

Die Erholung der Erde steht noch aus. Erst müsst ihr bewusster atmen und sein. Deine Aufgabe ist es die Menschen zu empfangen. Biete ihnen ein Heim für ihre Sorgen und Ängste. Du kannst das.

Es ist so eine Zeit, wo viele diese Art der Zuwendung möchten. Sie suchen sich in sich und kommen nicht zur Ruhe. So atme tief. Breite deine Arme aus und empfange sie in Liebe. Diese Liebe ist wie ein Kompass für sie, nach dem sie sich ausrichten können. Sie sehen sich selbst und erkennen wieder, wofür sie stehen. Danke an alle die helfen.

Heiliger Markus

Die Enge

Was euch einengt, macht euch frei. Was euch eingrenzt, wird aufgehoben. Befreit Euch von eurer Enge die euch umgibt. Erlaubt das Weite in Euch emporzukommen. Das befreiende Element der Liebe, die auch mal erlaubt gefangen zu sein, um sich dann zu lösen, aufzuatmen und zu erkennen. Was dich einengt, macht dich frei. Ja, Du lässt es zu eingeengt zu sein, denn Du hast es so gewollt dies so zu spüren. Warum?

Es ist eine wunderbare Lichterscheinung die dir hilft, dich zu befreien. Dein eigenes Licht. Das Licht das vergibt, und das Licht das erkennt, ist es, das Dich befreit. Es ist so schön, diese Erfahrung zu spüren, wie mit einem mal die Weite in einem wächst, anstatt dass sie einfach nur da ist. Sozusagen als selbstverständlich da ist. Kennt ihr ihn, diesen wunderschönen Aufbau der Energien, der so gut tut, dass man ihn für immer spüren möchte? Dies geschieht immer, wenn etwas befreit wird. Spüre diese Energie jetzt in Dir und erlaube ihr emporzukommen. Setzte sie ein für Deine eigene Befreiung von dem, was dich noch festhält in Deiner Enge.

Was möchte emporkommen, was möchte wachsen in dir? Spüre dich hinein in deine Aura. Wo sitzt noch etwas fest? Wie sieht es aus? Ist es bunt? Ist es grau? Ist es bedrohlich oder nur einsam? Was ist es, das befreit werden möchte? Spüre gänzlich in dich hinein. Gib dir selbst liebevoll die Hand und spüre Deine eigene Energie. Jede Enge möchte befreit werden, denn sie ist Illusion und möchte zurück zum Ursprung: Der reinen Liebesenergie, dort wo sie herkommt. Spürst du das in dir, dass diese Energie emporkommen möchte? Erlaube es ihr in der eigenen Geschwindigkeit. Sie kommt von ganz alleine empor. Du musst nichts tun. Beobachte nur was geschieht, was sich wo löst. Sei befreit von Deiner Enge und erlöse die alte Scham oder den Zweifel an Dir selbst. Was immer es ist, es darf gehen.

Erzengel Raguel

Botschaft an die Ehre

Es ist ehrwürdig etwas für andere zu tun. Damit erhebt Ihr euch von denen, die es nicht tun. Was aber ist das besondere daran, wenn man etwas für Andere erschafft? Es befreit!

Es befreit euch von dem, was Ihr immer schon tun wolltet. Euch absetzen, etwas Besonderes sein. Denn in dem Moment, wenn ihr es tut, taucht ihr gänzlich in der Aufgabe ab. Die vorherige Motivation ist weg und es bleibt die reine Zuwendung zur anderen Person. Ihr werdet für Augenblicke diese Person, wenn Ihr für sie sorgt.

Es ist, als ob ihr dann auf eine andere Ebene steigt, eine selbstlose Ebene, die das Ego verlässt. Es ist eine wunderschöne Sache sich anderen Menschen liebevoll anzunehmen. Ihr spürt dies in eurem Herzen. Es öffnet sich und pulsiert mit der Aufgabe. Alle von Euch, die diese Aufgaben wahrnehmen, spüren auch die Dankbarkeit des Universums und des „All dem das ist".

Sie werden behütet, denn sie sind umhüllt von wunderschönen Energien. Ihr werdet dies spüren lernen. Es ist eine Hingabe an Gott und die Schöpfung.

Sich hingeben bedeutet, den Anderen an sich zu nehmen, in sich aufzunehmen und zu akzeptieren. Es bedarf keines Dankes, denn Ihr spürt „All das was Ist" hinter euch. Ihr spürt wie richtig es ist und wie schön erweiternd es wirkt.

So bringe dich liebevoll ein und gräme nicht, wenn Du mal nicht so verstanden wirst. Es kommen immer wieder neue Gelegenheiten es anders zu machen. Etwas subtiler oder einfach in der Liebe schwingend. All dies gehört dazu.

Jetzt bitten wir Dich deine Arbeit tatkräftig fortzusetzen und dich liebevoll einzubringen. Wir lieben Dich und danken Dir für all deine Dienste am Menschen aber auch an der Natur.

Dein Erzengel Gabriel

Die Kinder des Universums

Die Kinder des Universums sind bei Dir. Sie bringen freudige Botschaften. Sie lachen, tanzen und spielen. Sie bringen eine lockere Atmosphäre zu Euch.

Dankt Ihnen, denn sie inspirieren euch alles Alte liegen zu lassen und euch gänzlich der Freude zu widmen. Ja, gänzlich der Freude zu widmen.

Denk daran, wie viel Spaß es sein kann Kind zu sein. Genieße diese Unbeschwertheit. Gehe so richtig in diese Dynamik hinein. Ihr wundert euch über die schönen Dinge, die die Erde zu bieten hat. Ihr seht die Anderen und liebt sie als Spielgefährten. Alle sind eingeladen mitzumachen. Alle dürfen mitmachen!

Jetzt, spielen, hier und jetzt! Jetzt ist immer die beste Zeit für solche Unternehmungen.

Die Kinder des Universums bringen Euch Heilung, denn sie bringen euch zurück zu dem Ursprung, zurück zum Sein, zum in sich aufgehen und zum sich leben! Gemeinsam mit anderen.

Spürst Du diese Freude in dir, wie sie empor kommt? Genieße diese Unbeschwertheit als sei sie deine, denn sie ist es! Es gibt keinen Grund auf der Welt sich nicht so zu fühlen, oder hast Du einen?

Unbeschwert durch den Tag gehen befreit ihn von Sorgen, Ängsten und bringt die Sonne in dir empor.

Die Kinder sind jetzt bei dir und Du genießt ihre Energie. Sie danken dir, denn sie sehen wie Du dich mühst und wie Du doch Stück für Stück aus dir selbst empor kommst!

Welch wunderschöne Heilung!

Dein Dich liebender Erzengel Raphael

Den Absprung schaffen

Den Absprung schaffen, wenn die Räder sich drehen, ist nicht immer so leicht. Woran erkennt man den günstigen Zeitpunkt des Einschreitens? Ist es Innehalten, oder wonach sucht man?

Klar, man sucht in erster Linie nach sich selber in dieser Situation. Wo bleibe ich? Die große Perspektive sagt: „Es verschiebt sich etwas." Aber was genau verschiebt sich hier? Sind es Emotionen die empor kommen oder Enge? Oder eine Ausweitung nach dem Neuen, die im Neuen enthalten sein könnte?

Wonach suchst Du in dir? Nach deiner eigenen Kraft jedenfalls nicht, denn sie ist da! Die Kraft ist da, aber auch die Angst zu verlieren, was du nicht verlieren möchtest. So ist es nun einmal. Diese Angst, eine Urangst der Menschen, warnt Euch vor dem Neuen. Das ist auch gut so, denn ihr mögt aufmerksam sein.

Dennoch, löse dich von deinem „Traum" wie es auszusehen hat. Wir haben viel schönere Dinge für dich in der Planung. Ergreifende Erlebnisse und spontane Freude kommen auf dich zu. Warte ab!

Die Bewegung, die in Dein Leben kommt, tut dir gut. Sie erweitert dich und schadet weder dir noch anderen. Es ist einfach Veränderung.

So sage jedes Mal „Danke" wenn du dich erdrückt fühlst, denn die Veränderung ist dann bereits voll im Gange. Du verarbeitest und Du generierst neue Kräfte in dir um dem Sturm der neuen Dinge standzuhalten.

Dieser „äußere Sturm" hat keinerlei Gewalt oder Macht über dich, denn du bist wie ein Felsbrocken der im Wasser steht und sich „übersprudeln" lässt. Du genießt wie das Wasser abperlt und wie du die Frische in der Luft spürst. Wie du gereinigt zu Werke gehst und das „alte, modrige" hinter dir lässt. Spüre die frische Brise des Nordens und atme tief ein! Deine Lungen füllen sich und du kannst frei atmen.

Erzengel Gabriel

Kraftnachrichten

Kraftnachrichten sind bedingungslose Liebe, sich selbst und Anderen gegenüber. Was kann schöner sein als Uneingeschränktheit? Was ist freier als rückhaltlos zu lieben? Sich selbst in den Arm nehmen.

Sich selbst zu unterdrücken ist das alte Motto, aus dem Ihr jetzt herauskommt. Ihr seht euch jetzt anders, weniger allein und mehr zugehörig. All dies öffnet die innere Spiritualität, das Bewusstsein in dir, dass sich alles „zum Guten" wendet. Das Harmonie im Anmarsch ist, aus Euch heraus geboren. Wieso erst jetzt? Es ist ein Kreislauf zurück zum uneingeschränkten Bewusstsein. Zurück zum Ausgangspunkt, zurück zur Quelle. Dies ist der Weg der Offenbarung. Es ist ein schöner Weg mit vielen Herausforderungen und Freuden, aber auch Trauer und Leid gehört dazu. Das viel bekannte Potpourri des Lebens.

Ausgewogenheit heißt, sich in jeder Lebenssituation wieder zu finden. Egal was oder wie ihr euch fühlt, Ihr seid immer da wo Ihr hingehört. Jetzt gilt es Bilanz zu ziehen. Ziehe einen Schlussstrich unter Dein Leben und beginne es neu! Kannst du das? Was würdest du lassen und was neu beginnen? Betrachte es aus dieser Warte. Was ist lichtvoll und bedingungslos? Deine Entscheidung wie Du dich erweitern möchtest steht noch aus. Deine Demut und Beziehung zu uns bekräftigt uns, Dir die Richtung vorzuschlagen.

Sei selbstlos. In der Selbstlosigkeit lösen sich die Ängste und „Gefängnisse", die sich gebildet haben. Du hast nichts mehr wo dran du dich festhalten musst, stattdessen lebst Du deinen Traum der Unabhängigkeit. Dieser Traum ist kein Einsamer sondern ein bunter Regen aus vielen Freuden.

Vertraue uns. Wir sehen dich so wie du bist. Lichtvoll und zu neuen Taten bereit. Wir freuen uns auf Dich! Danke.

Erzengel Michael und Gabriel

Die Ruhe in sich selbst genießen lernen

Die Ruhe in sich selbst genießen lernen ist kein Kunststück, sondern „Arbeit" an einem selbst. Eine Art Disziplin, die hier angewandt wird. Es ist eine „Erziehung" vom Feinsten. Es ist ein Loslassen und Zugreifen gleichzeitig.

Das Loslassen ist das loslassen von alten Prinzipien, die Ihr euch auferlegt habt. Immer beschäftigt sein zu müssen, immer etwas tun zu müssen. Niemals inne zu halten, immer weiter und weiter und weiter. Zielstrebig auf ein Ziel zusteuernd aber bitte ohne Pause. Ich frage Euch, wie soll das gehen, ohne Freude in der Tiefe erfahren zu dürfen und immer nur auf der Oberfläche schwimmend?

Also, wie halte ich inne, fragst du. Komme zur Ruhe. Deine Aufgabe besteht darin dich fließen zu lassen. Lege dich hin und nimm eine schöpferische Pause. Keine „Meditation" oder andere Werkzeuge, einfach nur sein. Lasse die Gedanken kommen, spiele mit ihnen, besonders wenn sie vorwurfsvoll sind wie: „Was soll das? Bringt eh nichts!", oder ähnliches. Lächele darüber, über dieses Schauspiel Deines „anerzogenen Hirnes". So, wie es bisher funktionierte, geht es nicht weiter. Also bitte deinen Geist mitzuspielen. Zu warten, was da aus der Tiefe emporkommt. Achte nur darauf. Nicht die Gedanken empor wünschen. Diese Gedanken sind freie, konstruktive Mitteilungen Deines Inneren. Die wünscht oder zwängt man nicht empor, sondern man öffnet sich ihnen. Folge also ganz Deiner Intuition wie Du dich öffnen kannst. Mache im Geiste ein Tor auf und beobachte einfach weiter deine Gedanken. Die Botschaften werden dann kommen, wenn du sie am Wenigsten erwartest. Oder kurz vor dem „Sauer" werden. Jedenfalls sei sanftmütig mit dir selber. Du wirst es lernen wie Fahrrad fahren. Wenn du es erst einmal kannst, ist es leicht. Dann erinnerst du dich und ein Automatismus setzt ein.

Viel Spaß dabei. Wir halten auch deinen Lenker, bist Du selber manövrieren kannst. Das ist dein Zugriff auf dein Inneres! Sanftmut, oh Sanftmut, begleite mich dabei.

Erzengel Gabriel

Siegespose

Jeder kennt die Siegespose mit erhobenen Händen und einem Lachen in den Augen. Das ist der Zeitpunkt, wenn es blitzt und funkt in dir. Dieses innere Jubeln ist eine Mystifikation der eigentlichen Schwäche der Menschen. Sie sehen sich immer als Vergleich zu anderen. Ist es wirklich notwendig zu „besiegen", oder reicht es auch, an der ganzen Wertschöpfung teilzunehmen? Wie fühlt es sich an zu verlieren? Darin besteht das „Un-Glück". Spannend nicht wahr. Aber warum ist das so?

Seit Menschenzeit ist der Vergleich ein dankbarer Sport, der sich oftmals darin äußert, dass Gewalt auf Gewalt trifft. Dies ist nun zu Ende, denn ihr lernt euch jetzt friedlicher „aus-einander" zu setzen. Der Blickpunkt richtet sich jetzt auf den Kampf selbst und nicht das Siegen. Das Siegen ist zweitrangig. Was Euch treibt ist der innere Kampf. Es geht darum ihn nun im Außen auszutragen. Dies befreit euch und es ist dann das Entscheidende, dass ihr seht, was überlebt und was nicht. Ihr fühlt euch befreit und seid friedlich aus dieser „Schlacht" kommend. Es ist nun so, dass es auch friedvolle Vergleiche gibt. Diese sind hier nicht gemeint, denn sie kommen aus der Oberfläche. Diese Tiefe der Kämpfe jedoch befreit von Vorurteilen, da ihr die „Gegenseite" kennenlernt und ihr euch damit annähert.

Es ist oftmals so, als ob man etwas integriert das vergangen war und nun wieder auftaucht. Diese Art des Erkennens gibt es immer noch. Doch es ist kein Zufall, dass dies nun von einer anderen Warte beobachtet wird, denn der grenzenlose Jubel wird sich nunmehr auf beide Parteien erstrecken. Beide werden sich befreit fühlen von ihren inneren Kämpfen, und von den alten Strukturen, die sie umgaben. So betet um Freiheit und Zugehörigkeit für alle Menschen dieser Erde. Mögen sie zu einander finden. In und auf ihre eigene Art und Weise. Erlaubt es Ihnen so zu sein, wie Sie sein möchten. Dies ist die wahre Kraft in Euch: Zu erlauben anders zu sein.

Erzengel Raphael

Wiederauferstehung

Wiederauferstehung ist ein Thema, das die Menschheit schon sehr, sehr, lange beschäftigt. Was passiert mit mir nach dem Tod? Wo gehe ich hin? Was von mir geht wo hin? Was wird sein?

Der Tod ist nicht das, was ihr denkt. Er ist ein Symbol des Abschied nehmen von einem Wesen, das Ihr nie wart. Es ist der Abschied von einer Identität, in der ihr gelebt habt.

Versteht Ihr das? Das erweiternde Prinzip, das all dem „Sterben" obliegt?

Die Wahrheit ruht in deinem Bewusstsein. All das „Hätte und wäre doch..." fällt weg. Kristallklare Energien umgeben dich und Du wirst frei sein von all dem, was dich hier ausmacht. Du wirst das Grenzenlose, das Weite, wieder erfahren!

Der Tod als Befreiung? Ja und nein, denn Du erfährst und lernst im Spektrum der Erde dich zu „äußern". Deine Seele hat eine Kraft, die sie ausdrücken möchte.

Die Botschaft der Freude steckt in Dir. Erwecke sie zum Leben, jetzt und hier!

Nimm Deine Seelenaufgabe bedingungslos an. Darum geht es „hier unten". Sich selbst so anzunehmen, wie man ist, denn das ist der perfekte Ausdruck Gottes in Dir.

Du bist diese Seele in diesem Leben.

Sei.

Danke!

Erzengel Michael

Erwachen

Die Auferstehung Christi war für Euch ein „Wunder", denn es brachte euch Menschen ein neues Bewusstsein. So ähnlich wird es wieder sein.

Ein höheres Bewusstsein wird einkehren, in Euch hinein. Ohne Euer bewusstes Zutun, ganz aus dem Umstand heraus, dass ihr klarer werdet durch all die neuen Strukturen um euch herum.

Es ist mehr ein wieder Erwachen als ein Auferstehen.

Aufwachen aus einem „Dornröschenschlaf", hinein in ein Bewusstsein des Kennen und Erkennen. Es steht euch kurz bevor. Durch eine Öffnung der Tore, der Energie Tore. Bewusstseinsstufen geprägter Form. Jede Stufe ist geprägt mit einer bestimmten Energie, die Euch verbindet.

Es sind Verbindungsenergien. Sie verbinden Euch mit „All Dem Das Ist" sowie mit Euch selbst als integralem Bestandteil. Ihr seht und nehmt die Welt anders wahr.

Alles wird sich ändern.

Die Strukturen, die Liebesfähigkeit, die Art zu Leben und die Dimension des Erschaffens, werden auf eine neue Stufe gestellt. Ihr werdet lernen, wie man wahrhaftig erschafft. Im Sinne des Schöpfers für alle Wesen.

Diese Wahrhaftigkeit birgt eine tiefe innere Freude in Euch. So wie Ihr erschafft, so seid Ihr auch.

Wir loben Gott, den wahrhaftigen Schöpfer dieser Erde und des Universums.

So sei es.

Dieser Gott ist Teil von Dir. Unser Rat: Nimm ihn an.

Erzengel Gabrielle und Abraham

Botschaften

Was für Irrtümer könnt Ihr ausschließen, wenn Ihr Botschaften empfangt? Ihr könnt ausschließen, dass Ihr Euch es eingebildet habt. Denn wenn das „Drum Herum" stimmt, ist für Irrtümer kein Raum.

Was ist das „Drum Herum"? Es ist die innere Stille, das Hinhören nach der inneren Stille. Dies will geübt sein. Es ist wie ein Muskel, der bewegt wird. Bewege ihn. Der Zugriff zur Wahrnehmung der Stimme in dir ist sozusagen ein Muskel, der sich öffnet und schließt. Siehe ihn geistig vor dir, wie er sich weit öffnet und dann entspannt. Je mehr du es übst, desto weiter öffnet sich dieser Durchgang zu Dir und desto spontaner geschieht es. Du kannst diesen Muskel (Durchgang) auch gänzlich verschließen, wenn du es möchtest. Jeder hat diese Fähigkeit. Übe es. Sei gespannt auf das, was kommt. Es wird dich überraschen wie schnell das geht, dieses Empfangen von Botschaften. Nimm es dir vor und gedeihe.

Botschaften sind strukturiert und haben einen Inhalt. Sie plätschern nicht nur so daher. Spüre ihre Wahrhaftigkeit und dann nimm sie an. Wenn du es so tust, bist Du dir gewiss, es „richtig" getan zu haben. Sei dir sicher in dir selbst über „Deine" Botschaften, denn sie kommen zu Dir!

Zweifel sind Zweifel und tragen dazu bei, dich zu verunsichern. Diese Komponente ist interessant, denn sie trennt dich vom dem, was Du erreichen möchtest. So umarme die Zweifel als die Deinen und sei dir gewiss, dass immer du noch entscheidest, ob Du deinen „Muskel" öffnest oder schließt. Was auch immer du empfängst, es ist Deins, und Du tust damit, was Du möchtest und für „richtig" empfindest.

Die „Dimensionen" der Botschaften ändern sich immer wieder, da Du jedes Mal eine andere Komponente auf der Seite des Lebens aufschlägst.

Jede Schwingung, jede Nuance. Du wirst alles genau spüren.

Erzengel Gabrielle

Unterstützung

Unterstützung kommt oftmals dann, wenn ihr es am wenigsten erwartet. Es ist wie ein Spiel. Nur das es lediglich so aussieht, als ob es ein Spiel ist.

Es ist eine Maßnahme zur Erschaffung von Vertrauen in uns. Wir sind Eure himmlischen Schwestern und Brüder und unterstützen Euch so gut wie möglich ohne in Eure Freiheit einzugreifen.

Ja, Ihr seid freie Schöpfer. Ihr dürft frei schöpfen und gestalten. Was möchtest Du gestalten? Ein harmonisches Leben und eine „gesicherte" Zukunft? Spirituelle Erfahrungen und Glück im Leben sowie in der Liebe? Alle diese Wünsche sind universell.

Wie tief sitzt der Wunsch nach neuen Erfahrungen? Wo ist die Hemmschwelle? Interessanter Weise seht ihr euch selten „am Drücker" bzw. in Kontrolle sondern meist unter der „Gewalt" oder Kontrolle von Anderen. Ihr vergesst eure Macht als Schöpfer.

„Ich gestalte mir ein buntes, farbfrohes und erfülltes Leben!" Wie sich das gestaltet dürft ihr offen lassen. Ihr dürft gestalten ohne zu wissen, wo genau diese Reise hingeht. Denn ihr wollt sie ja erleben und nicht vorher alles wissen, oder? Wo bleiben die Spannung und der Reiz?

Ihr wisst, was ihr zu tun habt und wir helfen euch dabei, Schritt für Schritt. Jeder Schritt der schmerzt macht auch schlauer und weiser. Sieh es einfach mal so: Du lernst immer, von jeder Situation.

Die Harmonie in dir strahlt bereits ganz stark in dein Umfeld hinein. Beobachte es, wie auch Dein Umfeld harmonischer wird. Achte auf die Zeichen, wie sich alles dreht und wendet um sich neu einzusortieren.

Wir sind gespannt auf Deine Reaktion.

Kosmische Geschwister

Die Freude in Dir

Ist es nicht auch einmal schön erschöpft vom Tag zu sein, vor allem, wenn man viel geleistet hat?

Sieh es mal so. Du bist den ganzen Tag „unterwegs" gewesen. Hast mit Menschen korrespondiert und dich mitgeteilt. Nun bist du lediglich an der Oberfläche erschöpft aber das Innere jubiliert, denn Du fühlst dich gut.

So gut, dass du gleich weitermachen möchtest! Ist es so? Wenn ja, dann man zu, aber vergiss die Pausen nicht! Denn da schöpfst du die Kraft um weiter freudvoll dich selbst im Leben zu aktivieren. Denn das ist was du tust, wenn Du dich so freudvoll wie heute einbringst.

Deine Mitmenschen „taumeln" noch vor Freude. Du hast sie dermaßen infiziert. Merkst du das, wie das dann auch in dir widerhallt?

Sei also ganz gelassen und bring immer wieder diese tiefe Freude aus dir heraus!

Die Spannung steigt mit jedem Tag.

Die Veränderung in dir wächst. Spürst Du das? Immer lichtvoller und leichter wird das „Sein".

Spüre auch deine Kraft, die sich so viel harmonischer anfühlt.

Erzengel Gabriel

Die Weite des Lebens

Das Leben ist so bunt, weit und schön. Es ist zum genießen da.

Ansprüche habt ihr keine, aber dennoch dürft Ihr ausgiebig das genießen, was Euch gegeben wird.

All die Erfahrungen und Erkenntnisse, das schöpferische Tun und auch das Sein als Gabe Gottes in Euch ist etwas, was Ihr so auf der Erde spüren dürft.

Die Wahrhaftigkeit Eurer Gefühle stellt keiner in Frage. Sie kommen und gehen. Rauf und runter. Ist das nicht schön alle Ebenen spüren zu dürfen?

Die Verbundenheit zu uns ist etwas, was Ihr noch tiefer spüren werdet. Es ist etwas, das Euch erheben wird. Aus dem Alltag heraus, ins bunte Vergnügen hinein.

Oh ja, das Verstehen wird einziehen. Das Virtuelle wird bald zur Realität für euch, denn Ihr erkennt mehr und mehr die Wahrheit hinter all unseren Lehren.

Ihr werdet sie spüren, diese Wahrheiten. In Euch. Dieses Bewusstsein wird Euch so steigern wie selten etwas anderes zuvor. Diese Verbundenheit und innere Ruhe, dieses Urvertrauen. Ja, Ihr nähert euch dem Urvertrauen.

Die bunte Fügung des Alltags wird zunehmen. Mehr „Action", Begegnungen und bedeutungsvolle Bekanntschaften streuen wir Eures Weges.

Spiel, Spaß, Spannung!

Erzengel Jophiel

Die Wirkung auf Andere

Ursache und Wirkung sind Euch hinlänglich bekannt. Ihr wisst darum und doch ignoriert Ihr es gerne mal. Wieso tut Ihr das?

Es geht Euch dann gerade mal ums „Prinzip" oder ums „nicht nachgeben wollen". Es sind Handlungen des niederen Egos entsprechend, um „sich selbst aufrecht halten zu können". Kennt Ihr dieses Gefühl oder diese Gewohnheit?

Die Ursache liegt zum Teil noch viel tiefer. In dem Gefühl, sich verteidigen oder rechtfertigen zu müssen. Ihr wisst all dies und doch entgleitet Ihr euch selbst. Wieso tut ihr das? Die Ergründung sitzt tiefer in einer Ur-Schuld, die Ihr verspürt. Diese vererbte Schuld in euch kommt empor und will sich verteidigen. Eigentlich nichts Besonderes. Es ist das Verhalten, das aus Dir so heraus platzt. „Es ist eben so", sagst du. Oder?

Dir kommen Zweifel am rechten Verhalten. Wie befreie ich mich, fragst Du uns. Das Verhalten, das du an den Tag legst, kommt immer aus einem bestimmten Bewusstsein heraus. Es gilt dieses Bewusstsein zu erhöhen und zu erkennen, wenn wir es verlassen.

So achte auf deine Reaktionen, wenn dich jemand „angreift" oder Du dich „verletzt" fühlst. Was tust du dann? Bleibst du in der Ruhe und reflektierst oder „ziehst du dein Schwert?" Beobachte es. Was hat mich da „drangsaliert", was ist da dran? Wieso reagiere ich so?

Die Erkenntnis mag erst später kommen. Die Bereitschaft dazu aber öffnet die Tür zu der wunderbarsten aller „Lösungen", dem Verstehen und Erkennen. Nichts ist ausgeschlossen aber wir nehmen an, Du wirst später über dein vorheriges Verhalten lachen. Denn es ist so einfach sich liebe- und verständnisvoll zu verhalten. Dieses werdet Ihr an Eure Kinder weitergeben. Man nimmt sich selbst nicht mehr so „wichtig". Man sieht sich als Teil des leuchtenden Ganzen.

So sei es.

Erzengel Uriel

Propheten und Akasha-Chronik

Vorauszusagen was geschehen wird ist eine Kunst, die nicht viele beherrschen. Sie ist ein Blick in die Zukunft und gibt Frieden, denn man weiß, was auf einen zukommt. Wer das nicht weiß, sollte keinen Propheten aufsuchen. Propheten lesen in einem Buch das ihr die Akasha-Chronik nennt. Sie lesen Eure Botschaften für Euch vor, damit Ihr wisst, wer Ihr seid. Damit Ihr euch wiedererkennt in diesem Tumult des Lebens.

Das Lesen aus der Akasha-Chronik ist nur wenigen vorbehalten und sie dürfen es nur tun, wenn Gott es gewährt. Der Einblick ist immer tief und immer berührend. Er führt euch an Eure Grenzen aber auch an Eure höchsten Potentiale heran. Es zeigt euch, was sein kann und sein darf. Es ist ein Zeichen des Lebens wenn Ihr diese Chronik berühren dürft. Sie liegt auch in Euch, unberührt, aber sie ist da, in jedem von Euch. Sie wartet darauf entdeckt zu werden, denn Ihr dürft sie in euch immer berühren, immer Zugriff darauf nehmen. Und nicht nur einige wenige Propheten.

Was bedeutet es die Chronik zu berühren? Es bedeutet mit Dir selbst in Einklang zu gelangen, denn Du fängst an, Deine Potentiale zu spüren. Die Dinge fügen sich, so wie du sie haben möchtest. Es ist wie das Öffnen eines Tores hinter dem das Licht liegt. Es ist magische Anziehungskraft, die dich dann bewegt, wenn Du diese Tür geöffnet hast. Jeder entdeckt sie irgendwann. So ist es. Ihr braucht euch nicht darum zu kümmern wann das sein wird, denn es ist kein Streben sondern ein Zulassen, das dort hinführt. Es ist ein Verbunden sein und ein Wissen um das, was zu tun ist. Ein Fluss, kein Kampf.

Eine Ebene wird sich vor Euch erstrecken und Ihr werdet viele andere dort treffen, denn es sind oft gemeinsame Wege, die dort hinführen in dieses neue Dasein hinein. Ihr helft und unterstützt Euch gegenseitig. Es ist keine Einbahnstraße, sondern vielmehr ein bunter Weg mit vielen Blumen und Geschehnissen.

Genieße deine Erdenreise.

Erzengel Raphael

Neuanfang

Die Aura erweitert und öffnet sich. Neue Komponenten fallen hinein. Diese Komponenten bestehen aus Selbstliebe und Selbsterkennung. Sich selbst erkennen bedeutet auch, das Schöne in sich zu sehen, in dem, was man macht, und in dem, was man denkt. Nicht jeder Gedanke beflügelt, aber auch diese gehören dazu.

Sei aufmerksam in der Ruhe, denn dort kommen die kraftvollen mächtigen Gedanken empor. Diese sind es, von denen wir reden, nicht die, die da nur so dahin plätschern, sondern die, die dich berühren, tiefsinnig, freudig und doch mit viel Würde und Bedeutung. All dies kommt auf dich zu, denn du hast dich den neuen Energien geöffnet und du hörst uns auch in dir. Jetzt kommt der Schwall der Aufregung zu dir. Eine nahrhafte Energie, die Energie der Engel und Meister sowie die der Erleuchteten, die um Dich sind. Erleuchtet sind die, die wahrhaftig am Leben teilnehmen. Sich nicht irreführen lassen, sondern mittig bleiben, aber nicht verharren. Sie sind wie ein Wind, der mal hier und mal dort bläst, aber immer dort ist, wo er gebraucht wird.

Es ist dieses innere Wissen, das dir gegeben wird, damit Du dich „äußern" kannst und damit meinen wir nicht reden, sondern das Ausstrahlen deiner Energie. Jetzt und immerfort werden wir dir die Zweige deines Wissens aufzeigen. Deinen Kampf kannst du beilegen, den der Selbstzweifel und den der Opferbereitschaft. Wer will Opfer? Sei Du und erkenne den Glanz in und um dich herum.

Strahle, Sohn/Tochter, strahle. Sich selbst erkennen ist eine Aufgabe für dich, die du auch mit vielen Anderen durchführen darfst. Es ist soweit. Öffne alle Türen und Fenster zum Empfangen der neuen Energie, zum Empfangen von Informationen und von Eingebungen. Wir öffnen Türen, aber schließen die, die dich vom lichtvollen Dasein abbringen. Wundere dich nicht, was da so los sein wird, wenn Du dich so richtig dieser deiner Aufgabe widmest. Ja, Du bist dabei. Heute ist ein wichtiger Tag. Er ist deiner und unser gemein. Wir singen zusammen in Harmonie und im gehobenen Bewusstsein des Zusammenseins. Du spürst uns tiefer in dir, verankert in deiner Aura und in deinem Wesen. Eins-Sein, das so schön ist. Genieße es, sei es!

Erzengel Michael

Sponsoren

Was sind Sponsoren im übertragenen Sinne, im spirituellen Sinne? Es sind Mächte, die unterstützend wirken. Spürst du sie, erkennst du sie?

Die Matrix ist eine Methode zum Selbst zu kommen. Die andere ist, sich tragen zu lassen im Sinne von Zuwendung und Atmung. Ja, Atmung, deine Atmung. Atme unsere Lichtenergie ein und spüre wie sie sich in dir ausbreitet. Ja, sich ausbreiten will. Es ist ein Spektrum an Farben und Energien, die sich ausbreiten. Dieses Spektrum erhöht sich ständig. Es ist ein Schub, der nach vorne geht und dich mitreißt in eine neue Aura hinein, in ein neues Sein. Ein Sein, das sich leichter und stabiler anfühlt und auch ist. Es ist eine Harmonisierung des inneren Kreises, des Kreises der Erkennung und der Wahrnehmung.

Spürst Du die Veränderung in dir? Spürst du, wie sich das Umfeld bewegt und sich neu auf dich einlässt? Beobachte es und nimm es wahr. Atme. Tief im Solarplexus ist eine Energie die gestaut ist. Lasse sie heraus. Nimm sie heraus, in dem du sie umarmst, diese Energie. Es ist ein alter Schock, der sich dort festgesetzt hatte. Nun erlasse ihn von dem Zwang bei dir sein zu müssen und setze ihn frei, er war lange genug bei dir, dieser Schmerz, der einer Trennung gleich kam. Woher er kam, was trennte er? Von dir aus gesehen war es purer „Zufall" und dennoch wolltest du es so. Er trennt dich von Deinem inneren Gefühl. Es ist eine Selbstblockade, die sich nicht lohnt, denn Verletzungen dieser Art sind Illusion. Du wolltest diesen Schock nicht „wieder spüren." Der Schock kam noch aus dem Mutterleib und hatte sich auf dich übertragen. Es war eine Energie, die du nicht freisetzen wolltest. Eine Angst, die du meinst, dich zu bestätigen. Eine Angst vor dem Eins-sein. Vor dem was sein könnte, wenn du loslässt und dich fließen lässt. Es ist ein Verharren in alten Zuständen, die diese Energie bedingt. Nun ist die Zeit des Loslassens von dieser alten Energie gekommen. Sie hat dir gedient. Nun lasse sie los! Setze sie frei.

So sei es. Danke.

Nachricht von Haniel

Nachrichten aus der inneren Mitte

Das Selbst! Die Selbst-Aufgabe.

Wir stellen uns viele Aufgaben selber, vor allen Dingen die, die so herausfordernd sind. Die uns zu unserem Kern bringen sollen. Kennt ihr das, Euch ganz auf und in Euch zurückziehen? Ganz in sich selbst aufgehen? Es ist zwar eine Art Bürde, aber es befreit von dem Unnützen. Es gibt Aufwind und frische Energie, denn Ihr bekommt dann Botschaften wie aus dem Nichts. Es führt Euch an neue Grenzen des Seins. Ins Annehmen neuer Gedanken und neuer Energien. Dieser Schub ist oft das, was Euch ausmacht, denn ihr wachst so schnell in dieser verändernden Energie. Es ist ein selbstgemachtes Puzzle, eines das zusammengefügt sein möchte. Diese verändernde Perspektive auf das Leben ist ein Boden der Saatgut aufnimmt und aus dem es nur so sprießt, denn ihr wart ja noch nicht da. Er ist unberührt und frei von Giftstoffen. Das Selbst als Begleiter und Führer annehmen, darum geht es hier. Zu akzeptieren, dass du dich manchmal bewegen darfst, aus dem was ist, in das, was sein wird. Genieße es. Es ist wie ein Einsteigen in die Achterbahn, nur sanfter und angenehmer, denn das Selbst kennt sich aus. Es führt mit Geduld und Liebe und wartet auch auf dich. Während du schläfst arbeitet das Selbst mit dir und den Engeln. Sie verfeinern dich und bringen auch Muße. Die Muße die man braucht, um stabil durch das Leben zu wandern.

Ruhe und Geduld sind wichtige Komponenten jeder Veränderung. Nicht die Hast und Angst, sondern das Annehmen von Gegebenheiten als Nahrungsmittel für weitere Schritte. Angst? Vor wem? Vor Gott oder vor dir selbst? Wohl eher vor deinem eigenen Ich, das „Ich", das bestimmen will und dich komprimiert. Dich klein machen möchte.

Aber woher kommt dieses „Ich". Es ist geboren worden als solches, denn Du kennst die ganzen Zusammenhänge nicht um da gänzlich empor zu steigen. Oder tust du das? Ja, du kannst dich empor schnellen lassen, aber wozu ist das gut? Genieße es doch mal „klein" zu sein. Genieße die Perspektive des Seins, des „kleinen Seins". Es beschwingt das große „Ich", das nicht bewertet, sondern alles das, was ist, genießt. In dem Moment, wo Du das „klein sein" (Dein Ego) annimmst, bist Du groß, denn Du erkennst die Trennung der „Ichs" nicht mehr an. Du siehst, dass das so nicht sein kann, denn das große Ich ist auch im kleinen Ich. Es wirkt durch dich durch. Erinnert dich daran, wer du bist, so dass Du fortlaufend deine Stammzellen veränderst. Du kannst dich verändern, von Innen nach Außen sowie von Außen nach Innen. Die Selbst-Aufgabe ist das was passiert, wenn das große „Ich" im kleinen „Ich" aktiv wird.

Über sich selbst und deine Wahrnehmung

Fortschritt, Fortschritt, Fortschritt. In dem Wort „Schreiten" liegt eine Grazie, eine Schönheit, und keine Hatz. Ich bringe Euch die Grazie zu schreiten in eurem Leben, in dem ich Euch helfe, Euch selbst zu verstehen. Anzusehen, das was ihr „sehen" sollt. Euch darauf aufmerksam zu machen, was es alles so gibt um euch herum. Ihr „seht" nicht all das, was Ihr sehen solltet, dafür seid ihr zu „beschäftigt" in eurer Hast.

Ankert Euch in euch selbst fest, damit Ihr bei euch bleibt und nicht zerstreut durch das Leben lauft. Bei sich bleiben heißt sich selbst wahrzunehmen, zu spüren wo man ist und wieso man ist.

Wieso „bin ich" bedeutet wahrzunehmen was man macht und wie man sich eingibt in diesem Spiel der irdischen Erfahrung. Irdische Erfahrung ist eine Inkarnation nach der anderen, bis das Tor des Wissens in Euch sich öffnet. Wie geht das? Nun, schreite durch dein Leben und eile nicht, als ob du etwas verpasst. Verpassen kannst du höchstens Dich selbst, in dem du vor dir selbst wegläufst.

Wahrnehmung! Erkennen! Alles wahrnehmen, einatmen, zur Kenntnis nehmen, verarbeiten, sinken lassen. Erkennen! Ja, erkennen, wie sich alles so dreht und fügt.

Fügung heißt, den richtigen Platz finden und es auch zu spüren, dass es so sein soll. Fügung ist dann, wenn sich alles richtig anfühlt und im Kern des Seins die Ruhe eintritt. Ein Leuchten in der Aura. Ja, das sind wir auch, wenn Ihr uns „sichtbar" macht. Wir helfen euch, Eure „Mitte" zu finden, das Leuchten in euch. Wir erinnern Euch daran so zu sein, wie Ihr sein könnt. Friedvoll und harmonisch mit euch selbst und all dem, das euch umgibt. Alle Zwänge fallen ab und ihr könnt Euch selbst frei leben. So wie Ihr seid und sein wollt. Ein Herz und eine Seele. Wenn Euer Herz und Eure Seele im Einklang sind öffnen sich Türen, die ihr vorher gar nicht gesehen habt. Nun sind sie da. Schreite durch sie hindurch in das Paradies des Seins hinein. Des Eins-Seins.

Erzengel Michael

Die Seelenreise

Chamuel begleitet dich in deiner jetzigen Phase der Einsamkeit, die Du so empfindest.

Du empfindest dich allein verantwortlich für alles das, was da geschieht, aber ist es so? Gibt es Dinge die dir Spaß machen? Sind da Dinge die Du magst? Was möchtest Du denn außer Seelenfrieden?

Atme, atme, mein Kind. Sei ruhig und gehe deinen Weg in Frieden, in tiefem Frieden.

Sei ruhig, gänzlich ruhig.

Atme, atme, atme.

Häme, hörst du Häme? Nein, warum sorgst du dich dann?

Du weißt, du bist geborgen. Lebe in Frieden mit Dir selbst und den Dingen, die geschehen. Es ist so wie es ist. Sei geborgen in dem Bewusstsein, dass sich alles fügt und „gut" ausgeht. All das, was sich jetzt dreht, kommt auch mal geordnet zurück, damit du dich dann in Ruhe ansehen kannst und: WOW sagst.

Der Bezug zu dir selber wird wieder hergestellt werden. Du lernst Dich jetzt selbst fühlen. Nicht uns, sondern dich.

Was spürst du? Wo bist du?

Nimm dich wahr. Spüre dich in deiner jetzigen physischen Umgebung.

Atme bewusst. Spüre den Atem in dir arbeiten.

Ich liebe Dich.

Erzengel Gabriel

Bewusstseinserweiterung

Was bedeutet das Bewusstsein zu erweitern, was machen wir da? Bestandsaufnahme, was wissen wir jetzt? Wo sind wir jetzt in unserem Leben? Nehmen wir es so wahr wie es ist? Was kommt als nächstes? So viele Gedanken beschäftigen uns, dass wir nicht zur Ruhe kommen. Alles wird durch uns gefiltert und sortiert, wie eine gut geölte Maschine.

Jetzt wird sie angehalten und gewartet, so dürft ihr euch das vorstellen. Die Filter werden gewechselt. Es kommt neue Luft an die Maschine. Sie wird gelüftet und von innen gereinigt. Alte Ablagerungen werden abgekratzt und verbrannt. Sie dienen der Restmüllverbrennung. Nun wird die Maschine neu geölt und ist blitz blank für den neuen Betrieb.

Habt Ihr das visualisieren können?

Seht Ihr, wie es in Euch geschieht?

Nehmt es wahr, dieses Reinigungsprogramm. Es läuft automatisch ab und erzielt einen wesentlich höheren Output, der reiner und liebevoller ist. Ihr werdet euch selbst besser äußern können. Ihr werdet transparenter und reiner sein.

So klar wie die Nacht an einem sternenreichen Abend. Es glitzert und funkelt nur so.

Das ist das Programm, das wir installieren werden: Selbstannahme und Liebe!

Diese Komponenten bereichern dich wahrhaftig.

So sei es.

Erzengel Chamuel

Wie geht es weiter?

Diese Frage stellen sich jetzt immer mehr Menschen, denn sie werden gerüttelt und geschüttelt. Das Fass läuft über und sie merken, wie sie aus ihrer Tonne hinaus schwappen in neues unbekanntes Terrain hinein. Was soll ich hier, heißt die Losung. Wieso bin ich hier und nicht dort? Fragen, Fragen, Fragen.

Schau dich um. Wo stehst du? Sieht es grün aus oder ist alles verdorben? Jetzt, wo du hier stehst, gewinnst du neue Eindrücke. Sammele sie, achte auf sie, erfahre sie. Es gibt nur diese eine Realität für Dich, jetzt, hier. Nimm sie an, denn sie ist so. Kannst du sie ändern? Ja, aber warum? Erfahre sie doch erst, spüre sie erst, bevor du sie ablehnst, die jetzige Erfahrung. Sie macht dich reicher, auch wenn Du das vielleicht noch nicht siehst.

Alles ist vorbestimmt im Sinne des Erfahren Wollens, nur wird es unterschiedlich manifestiert. Es wird gedanklich vorausgearbeitet und dann manifestiert. Dieses Manifestieren ist auf einer unbewussten Ebene und geschieht dennoch. Wie es weitergeht fragst du. Erinnere dich, wie Du hierhergekommen bist. Siehst du Deinen Pfad hinter dir? Ja, dann sieh ihn vor dir. Empfange und empfinde ihn als eine Gabe Gottes, als ein Geschenk von Gott, denn das ist es. Du darfst erfahren, wie sich Dinge anfühlen. Spüre dich hinein in Deine Zukunft. Spüre den Frieden der in dir steckt und entzünde ihn. Gib ihm Kraft, sage „Ja" zu ihm. Dem inneren Frieden im Bewusstsein, dass Du ein mächtiges geistiges Wesen bist. Das Du die Essenz Gottes in dir trägst. Das Du sein Kind bist.

Die Essenz Gottes? Was ist das? Es ist das, was in Dir steckt und dich ausmacht. Das, was Dich am Leben erhält und Dir die Energie gibt, die du benötigst um dich zu entwickeln. Die Energie Gottes in dir verbindet sich mit der in den Anderen. Sie arbeiten zusammen für ein größeres Gut. Für einen großen Plan, an dem ihr alle teilnehmt.

Urteilt nicht, sondern genießt die Reise durch das Leben! Es ist Euer Leben.

Erzengel Gabriel

Die Ursache für zu viel Stress

Ihr wundert euch immer wieder über das Thema Stress und dessen Bewältigung. Wo kommt er her und wo geht er hin? Erkennt ihr dies nicht? Na dann.

Es ist wie eine Brise, die von innen aufbraust und einen Weg nach außen sucht. Findet ihr ihn nicht, staut er sich an und baut Druck auf wie in einem Kessel, der dann überläuft. Dieses Überlaufen verursacht den Stress, denn es ist Energie, die nicht genutzt werden kann bzw. eine Energie, die gar nicht da ist, da sie weggestoßen wurde. Direkt aus dir heraus, ohne richtiges Ziel. Wieso tun wir das?

Wir sehen, oder stehen, vor Ereignissen oder Beschaffenheiten und bauen Energie auf. Wissen aber nicht genau, wohin damit, denn die Ursache bzw. der Ursprung des Energieaufbaus ist uns nicht bewusst. Wir erkennen den Aufbau nicht. Wir spüren nur mit einmal die Auswüchse dieser Energie. Wir wissen nur, dass Energie gebraucht wird um Konflikte zu lösen. Doch wohin damit, mit der aufgestauten Energie, wie setzte ich sie ein? Als erstes das Bewusstsein der Situation erfassen. Ja, ich bin/fühle mich im Stress. Schließe wenn möglich deine Augen und sage laut, oder in Gedanken, tief in dich hinein: „Ich sammele mich und meine Kräfte", „ich nehme die Situation an."

Spiegel dann die derzeitige Situation/en vor deinem inneren Auge. Das kann nur ein kurzer Eindruck oder ein Gefühl sein aber auch sehr spezifisch, mit ausführlichen Details, sein. Nimm das Bild das dir erscheint. Spüre jetzt deine pulsierende Energie und richte sie auf das Ziel, d.h. auf Dein Gefühl oder Deinen Gedanken. „Ich richte meine Energie auf diese Situation und bitte die Energie in die Situation hinein zu fließen." Spüre wie die Energie fließt. Gib ihr einen Namen (Sanftmut, Erlösung, Befreiung, etc.) oder eine Farbe (helles Grün, leuchtendes Gelb, etc.). Spüre dann, wie du leichter wirst. Die Energie fließt ab und du wirst ruhiger und gelassener. Der Dampf ist weg und die Situation verbessert sich durch deine zielgerichtete Handlung.

Du wirst sehen.

Erzengel Gabriel

Botschaft der Freude

Freude im inneren Herzen verspüren ist ein „Herzenswunsch". Schon daran erkennt ihr, wie wichtig es ist tief zu spüren und nicht nur oberflächig.

Tief hinein in die Materie gelangt diese Energie des Freuens nur, wenn Ihr euch dem Leben und den Geschenken des Lebens öffnet.

Wir haben Euch schon so viel von Herzöffnung erzählt und doch schlägt die Tür schon mal wieder zu. So ist es nun einmal, aber Ihr könnt dem entgegenwirken durch eine ganz einfache Übung.

„Ich bade in der Freude" ist so ein Spruch, der die Tür zum Öffnen bringt. So einfach? Ja, doch so einfach, denn es ist die Botschaft an das Herz sich zu öffnen. Es wird nicht widerstreben, wenn es merkt, dass Du Gutes und Erweiterndes vorhast.

Die Botschaft ans Herz ist es also, an das „innere Herz". Das Herz, das für euch schlägt hier auf Erden. Das Herz, das mit Euch selbst verbunden ist. Das Herz, das euch leitet. Das Herz, in dem Gott wohnt ist es, das Ihr öffnet.

„Ich öffne mich dem Strom der göttlichen Energie und empfange Freude. Die Freude am Leben zu sein und hier und jetzt mich annehmen zu dürfen. Hier und jetzt Freude empfangen zu dürfen."

So sei es!

Eine Ode an die Freude!

Erzengel Michael

Die Boshaftigkeit der Anderen

Sind sie denn wirklich so übel die Anderen? Hast du mal hingeschaut was „deren" Motivation ist auf eine bestimmte Art und Weise zu handeln? Nein, noch nicht hingeschaut, dann sei so gut und tue es. Es wird dich überraschen wie viel von dem, was du siehst, in Dir selber steckt. Er ist „böse", sie ist „böse", sind die größten Irrtümer unserer Zeit, da Ihr nicht hinter die Kulisse schauen könnt. Ihr kennt die eigene Motivation nicht einmal, wie sollt ihr da die der Anderen erkennen können? Wie und was geht da vor? Wie kann man dieses Wissen erkennen? Wie kommt man dahin, fragst Du. Etwa sich selber kennen lernen und dann die Anderen?

Ganz so einfach ist es nicht, denn Ihr lasst noch nicht los von dem was Ihr meint sein zu müssen. Diesem inneren Zwang etwas tun zu müssen widersteht Ihr noch nicht. Doch die Zeit naht. Bald werdet Ihr von innen heraus Eure Intuition zuerst beobachten und dann sehen, dass sie so viel besser ist als all das, was Ihr bisher erlebt und gelebt habt.

Eure Intuition wird Euch führen. Sie wird euch führen in Beziehungen hinein, die harmonisch sind und nicht geprägt von Eifer, Verletzung oder niederen Wünschen. Ihr werdet aufgehen in diesen Beziehungen, denn sie sind auf dem Herzenswunsch des gemeinsamen Seins geboren. Es zählt das gemeinsame und nicht das Trennende. Statt zu eifern werdet ihr handeln, im höchsten Sinne aller.

All dies, und noch viel mehr, wird unumstößlich in Eure Welt eindringen. Es gibt kein Zurück. Auch Dich wird das Glück erhaschen, sei dir gewiss.

Wieso ich das weiß? Weil ich in Deiner Aura lesen kann und dort der göttliche Plan verankert ist. Es ist soweit. Die Materie wird sich verändern und damit ihr euch auch. Es ist soweit. Euer Erzengel Michael wird euch beobachten, im Sinne von begleiten, denn das möchtet ihr, falls ihr mal ins stolpern geratet. Jemanden haben, der euch fängt.

So sei es.

Erzengel Michael

Über die Blume des Lebens

Sicherlich habt ihr schon viel über die Blume des Lebens gehört. Was ist es, das ihr so nennt? Ist es etwas zum Anfassen, eine Energie, oder etwas ganz anderes? Es ist ein „Sein" Zustand. Es ist eine Verbundenheit des Inneren mit dem Äußeren. Einfaches Sein in Verbundenheit mit all dem, das ist. Sie ist wie ein Kreisel, eine Spirale, die sich dreht und dreht. Sie kann man nicht greifen oder erfassen, sondern nur bewundern und spüren. In Dir spüren, dort wo sie für Dich dreht. In Dir, ganz tief in Dir.

Diese Blume entfaltet sich jetzt mehr und mehr in dir. Überrasche dich selbst, wie wunderschön sie ist, wenn du sie spüren lernst. Die Blume des Lebens ist ein kosmisches Gedicht, das in dir reift, blüht und gedeiht. Sie ist wirklich eine Blume der besonderen Art, denn sie welkt nicht, sondern gedeiht, ohne eingehen zu müssen. Sie ist immer da, verändert sich mit ihrer Vielfalt an Farben. Lila ist die dominante Farbe des inneren Selbst. Die Blume ist mit dem inneren Selbst verbunden und dreht sich um das innere Selbst. Es ist ein „Sein Zustand", denn die Blume verändert sich fortwährend mit deinen Gefühlen. Sie zieht sich zusammen und geht auseinander, ist aber immer da, wo du sie brauchst. Denn sie gibt dir die Energie zum Leben und Gedeihen. Diese Blume ist sehr speziell, denn sie ist Deine für dieses Leben. Sei so gut und gieße sie. Mit Licht und Liebe und ganz tiefen, innigen Wünschen der Freude. Bitte sie zum Vorschein zu kommen und sich noch mehr für dich einzusetzen. Dich noch mehr zu geleiten in Dein friedvolles Sein hinein. Die Blume kontrolliert nicht, ist aber immer für dich da. Nutze sie, Deine Blume des Lebens. Rede mit ihr. Gib ihr Kraft durch deine Botschaften an sie, Botschaften der Freude am Leben und des Daseins. Das erweckt sie besonders in Dir.

Was ist dein Ziel dabei? Es ist eine weitere Komponente deines Selbst, zu entdecken. Dies ist eine kraftgebende Maßnahme, die ihr alle genießen könnt. Ihr werdet spüren, wie sich diese Blume in Euch entfaltet, aus euch heraus und eure Aura erhellt. Die Veränderung im Umfeld werdet Ihr dann auch bald spüren.

Erzengel Jophiel

Dein ständiger Begleiter

Wer ist dein ständiger Begleiter? Wer hilft dir, wer ist bei dir? Wen spürst du? Wer leistet hier Überzeugungsarbeit? Woher weißt du, dass es uns gibt, woher genau willst du das wissen? Denke nach. Woher kommen wir, aus welchem „Reich" sind wir und was wollen wir hier bei Euch? Schon mal darüber nachgedacht, dass wir „verwandt" sind, dass uns vieles trennt, aber auch vieles verbindet?

Das Trennende ist so offensichtlich nicht, außer vielleicht der Umstand, dass Ihr uns nicht alle seht oder hört, sondern vielleicht „nur" spürt. Gibt es dafür Gründe? Ja, natürlich! Wie wollt ihr sonst Euren Weg gehen? Ihr sollt doch Eure innere Stimme hören und Euch selbst folgen, nicht uns. Wir sind nur Begleiter. Seht ihr das? Wir sind da, um zu helfen und zu unterstützen. Leiten müsst ihr Euch selbst, auch wenn es schon mal anders scheint, aber die Antworten sind immer im Inneren. Wieso ist das so? Es ist ein Geschenk Gottes das in dir ruht. Es ist Deine „Göttlichkeit", Deine Kreativität im weitesten Sinne, die eine Antwort hervorbringt. Auch wenn sie Euch im Außen erscheint, so ist sie doch im Inneren geboren worden. Es ist die Manifestation des inneren Wunsches, den ihr dann erfahrt. So kehrt das „Wissen" um den eigenen Weg sich doch von innen nach außen. Es ist nur der Zeitpunkt der Feststellung der verschoben wird. Die Wahrnehmung der Erkenntnis ist die, die von außen kommt.

Für Euren Weg braucht Ihr es nicht zu wissen, aber es ist trotzdem schön wenn man diesen Automatismus erkannt hat. Der Weg führt immer über das Innere Sein. Das mit sich sein, sich selbst zu erkennen und zu lieben. Ja, all dies ist für uns eine wunderschöne Erfahrung, die ihr mit uns teilt. Wir sehen Euch und genießen es, wenn ihr lernt. Euch öffnet und froher werdet in euch selbst. Das ist unser Ziel. Euch glücklich zu sehen, in euch geborgen, in Harmonie mit all dem, das ist. Wir, eure Begleiter, lieben euch noch über den Tod hinaus, in die neue Spirale des neuen Lebens hinein. Wir sind Eure Begleiter, egal was ihr macht und tut. Ja, Ihr könnt uns spüren. Bittet darum und öffnet euch. Sagt eurem „System", dass Ihr empfangen möchtet. Wir geben Euch Hinweise die auch in Form der Energie für eure Körper verständlich sind. Die Schemata auflösen, die befreiend wirken. Schemata sind alte Programme die hinfällig sind, die nicht mehr dienen, sondern hindern. Ihr könnt euch gar nicht vorstellen wie groß diese Programme zum Teil sind, denn Ihr installiert sie fortlaufend ab Geburt, bis Ihr sie auflöst und mit neuen Erkenntnissen ersetzt.

Samuel

Entspannung und Meditation

In euren Leben wird die Entspannung und Meditation, d.h. die innere Einkehr immer wichtiger. Je mehr das Außen wackelt, desto inniger umarmt bitte das, was in euch steckt. Es ist soweit, die Erde dreht sich anders und vieles wackelt. Es ist so, aber es ist nicht schlimm. Nur verändernd wirkt es sich auf euch aus. Viele spüren es schon in sich. Während ihr so daliegt und euch entspannt, könnt ihr mit der Veränderung genussvoll die Verbindung aufnehmen. Ihr könnt hinein sehen, wie in eine Kristallkugel hinein. Ihr könnt sie spüren und anfassen, diese Veränderung. Sie ist auch in Euch schon verankert. Sie kommt jetzt aus Euch heraus und wirkt unterstützend für den gesamten Prozess des Planeten Erde sowie die darum liegenden Sonden. Diese Sonden helfen Euch, es sind Eure, aber wir nutzen sie, denn sie stehen in direkter Verbindung mit Euch und Eurer Entwicklung.

Es sind Kommunikationssonden und darum nutzen wir sie für euch. Konzentriert euch auf eine von diesen Sonden und nehmt die göttliche Energie auf, die durch sie kanalisiert wird. Spürt ihr sie, könnt ihr sie sehen? Es ist eine besondere Art Energie die hier vorangebracht wird. Sie trägt eine Veränderung in sich und fügt das, was gefügt werden soll. Es ist eine aufräumende Energie und eine, die erweiternd wirkt auf Euch und auf Euer Nervensystem. Ihr könnt diese Veränderung nicht umgehen. Sie wurde platziert und findet statt. Es kommen immer neue Impulse, bis auch der/die Letzte die Veränderung in sich und den anderen spürt. Traumata könnt ihr vorher noch abbauen, wenn ihr wollt, oder das, was an euch zerrt, in dem Ihr in Frieden, mit all dem das ist, geht. In dem ihr all das „gut heißt" was in und um euch geschieht. Es ist dieser tiefe Frieden, der Dich dann wachsen lässt. Es ist das Lösen dieser Handbremse. Es bedeutet dieses jetzt und hier anzunehmen. Meditation hilft dabei, in dem Ihr euch selbst bewusst werdet, euch spürt und die Stellen, die sich unwohl fühlen in eure Herzen nehmt und umarmt. Gibt es etwas Schöneres, als sich selbst fühlen zu dürfen? Die eigene Lebendigkeit spüren zu dürfen? Warum lasst ihr es nicht zu, was hindert euch? Seid Euch selbst und eurer Veränderung gewahr. Bekämpft sie nicht, sondern umarmt sie.

Erzengel Michael

Das Gute in Dir finden

Spannend, es ist wirklich spannend, denn jeder versteht da etwas anderes drunter, unter dem was Gut ist und was nicht. Ja, wir beurteilen, obwohl wir das aus einer limitierten Warte heraus tun, aus einem begrenzten Denkvermögen heraus. Trotzdem ist es spannend genau das zu tun, denn es leitet uns auf unserem Weg. Es ist das, was wir tun. Wir sind so verankert in unserem Leben. Wie sollen wir das „Gute" in uns selbst finden, wenn wir denn doch gar nicht so richtig wissen, was das ist?

Das „Gute" ist eine Beurteilung und nicht eine Eigenschaft. Was wir also suchen ist eine Eigenschaft ohne einen Titel dafür finden zu müssen. Was ist eine Eigenschaft? Es ist etwas, das man hervorruft und das dann in uns Bestand hat, wie etwas, das dann da ist. Es ist ein Selbstbildnis, das wir errichten von uns selbst und den Anderen. Ein Selbstbildnis ist etwas, das man wahrnimmt, nicht kritisiert oder lobt, sondern einfach nur anerkennt, dass es da ist. Es ist, als ob du siehst, dass der Mond da ist und ihn magst. Weil er da ist, ohne das du besondere Gründe dafür haben musst. Du akzeptierst ihn so, wie er ist. So ist es auch bei Euch selbst. Ihr leuchtet und reflektiert. Beides. Diese Strömung wahrzunehmen, wann ihr strömt und wann empfangt, ist ein wichtiger Bestandteil des sich „Finden Lernens". Es ist eine Bestandsaufnahme, ein Kennenlernen, das zuerst stattfindet. Dann schaut ihr euch an. Nehmt alles wahr, was da ist. Die „Geister" in dir, aber auch deine Gefühle und Emotionen, alles das, was du spürst, in, und um dich herum. „Ich spüre mich", heißt dann die Losung. Dieses Spüren ist das Spüren des Guten und Wahrhaftigen in dir, denn es wird nicht überdeckt von einer Scheinwelt sondern reflektiert dein innerstes Ich. Dieses innere Ich ist die Reinheit pur. Das ist dein Zugriffspunkt. Wenn du den inneren Zugriffspunkt hast, gibt es kein zurück, denn er schleudert dich nach vorne. In eine neue Dimension des Seins hinein. In ein Sein, das so wunderbar ist. Es ist das Wahrhaftige das dich dann anzieht. Das Bleibende, das Blühende, Deine Ausrichtung. Alles ändert sich und du wirst strahlen und strahlen. Das „Gute" in Dir ist nichts anderes als Deine reine Essenz.

Du bist das Gute in Dir.

Erzengel Raphael

Giftstoffe im Körper

Wie sehen sie aus, diese Giftstoffe? Es sind Stoffe, die sich nicht mit uns vertragen. Es liegt das Wort „Vertragen" darin. Was vertragen wir nicht? Es sind die Emotionen und Botenstoffe, die darin enthalten sind. Es sind die Stoffe, die unsere Organe stören. Sie machen uns immobil und halten uns fest in einer Realität, die wir nicht mehr wollen.

Was ist zu tun, wenn man diesen Giftstoffen ausgesetzt wird? Sie zu erkennen, ist der erste Schritt. Was sie sind und mir sagen, der zweite Schritt. Wozu sie mir dienen, ist der dritte Schritt. Diese Akzeptanz, dass ich etwas aus diesen Stoffen lernen darf, ist dominant für die Heilung, denn nichts kommt nur so auf uns zu. Auch diese Stoffe wurden von Gott erschaffen. Jetzt ist die Frage also wieso, und weshalb?

Ich bin hier und genieße all das um mich herum. Warum tue ich das? Weil es gut ist für mich. Warum also die Giftstoffe? Damit ich mich vielleicht schlecht fühlen darf? Ja, so ist es. Ich brauche sie, um mich schlecht fühlen zu dürfen. Dies ist die erste Erkenntnis. Aber warum sollte ich mich schlecht fühlen wollen? Es ist etwas, was ich in meinem Leben gelernt habe, dass ich zu tun habe. Es ist meine Aufgabe mich schlecht zu fühlen. Aber ist es das wirklich? Bis hierhin ja, aber wie weit trage ich dieses Konzept noch? Bis hierhin und nicht weiter. Was mache ich jetzt also? Ich folge meiner inneren Führung und bitte auch die Fügung einzugreifen, um mich aus diesem inneren Drama herauszuführen. Heraus, in ein freudvolles Sein, in dem die Botenstoffe gesund und munter sind.

Die Fügung ist etwas, was ich in mir aufnehmen darf. Ich richte mich auf das Freudvolle aus, gebe meine Hand in die Hand Gottes und bitte um göttliche Inspiration. Mögen sich die erweiternden Türen öffnen. Ich sehe mein Tal und verlasse es jetzt. Ich sehe den Sonnenschein und wende mich ihm zu. Ich bade in der Sonne und nehme die heilende Energie und Struktur auf. Ich bin neugeboren, ich bin rein und sauber, ich bin geläutert.

Die Giftstoffe, die bisher mich begleitet haben, dürfen dies weiter tun, aber nur soweit sie mir dienen aus diesem Tal zu steigen. Ich nehme sie an und bitte sie, sich in eine neue, heilende Struktur in mir zu verändern, so dass alle etwas von dem Heileffekt haben.

Deine dich liebenden Engel Raphael und Haniel

Gefangen sein

Was bedeutet es gefangen zu sein? Es ist eine Freiheitsberaubung. Es ist Enge und es ist Trauer.

Wieso meinen wir andere „verhaften" zu müssen, in unseren „Bann" hinein? Warum tun wir das? Es ist Angst und Verzweiflung andere zu „verlieren". Das ist es was uns antreibt und warum wir es immer wieder tun. Aus Angst davor verlassen zu werden. Diese Angst sitzt ganz tief in unseren Urahnen verankert. Es fing an mit „Diebstahl", wegnehmen und nicht wieder hergeben. Dann kamen finanzielle Strapazen und die Dinge des Herzens dazu. Wer will schon loslassen? Das was man hat, hat man.

Es gibt zwei Dinge, die ihr tun könnt: Es euch anschauen und beurteilen. Dies setzt eine Bereitschaft voraus, sich damit auseinander setzten zu wollen. Ist es aber die Lösung? Sicherlich nicht, denn ihr werdet von Einem zum Anderen kommen und doch das Wichtige nicht sehen, Euch selbst. Euch selbst zu sehen ist die Lösung, die so viele vor euch schon angefangen haben zu sehen. Euch selbst zu sehen, so wir ihr seid, unabhängige Wesen, die einander lieben, musizieren und spielen. Es ist doch schön gemeinsam auf der Erde zu stehen, oder? Wenn Ihr euch frei seht, seht Ihr auch die anderen so. Es wird euch nicht gefallen gefangen zu sein. Also, warum es mit anderen tun, wenn es doch viel schöner ist, sie zu beobachten und mit ihnen ihren Weg zu genießen?

Überprüfe, wie es sich für Dich anfühlt diese Freiheit. Magst du sie? Willst Du sie? Wenn nicht, ist das auch in Ordnung, dann halte fest, bis du loslassen kannst. Euer Partner/Partnerin weiß das. Er/sie ist bereit mit dir zu spielen. Das heißt so zu tun, als ob man sich gefangen nehmen kann. Im Herzen wisst ihr ganz genau, dass dies nur eine Illusion ist. Keiner kann euch eurer Freiheit berauben, außer ihr selbst. Und selbst dann tut ihr es um zu erfahren. Wo ist also das Problem? Es gibt keins. Es ist die Harmonie, die ihr erfahren dürft, wenn ihr in Frieden geht mit dem das ist. Das Loslassen von alten Mustern geschieht ganz von alleine, wenn Ihr euch gewahr werdet, welches „Spiel Ihr spielt".

Was müsst Ihr also tun? Nichts, außer bewusst Sein, denn im Inneren kennt ihr die Wahrheit und ihr werdet immer so handeln wie es im Einklang mit euren derzeitigen Erkenntnissen ist. Ja, er ist interessant der Weg zum Eins-Sein. Er führt über das hinaus, was Ihr euch vorstellen könnt. So vielfältig ist er.

Erzengel Gabriel

Sich selbst erlösen

Du sagst, Du möchtest dich selbst erlösen aus den Zwängen und Ängsten deiner Vergangenheit? Dann bist Du bei mir richtig. Ich helfe Dir zu empfangen. Ja, zu empfangen.

Wieso empfangen, wenn Du etwas loswerden willst, fragst du. Es ist wie eine wunderschön gestaltete Schatulle, die Ihr von mir empfangt. Es steht euer Name drauf und sie ist genau für Euch und Eure Situation gemacht. Sie glänzt. Sie ist zart und leuchtet von innen. Es ist das Innen, das über dir ausgegossen wird. Es sind neue, ganz feine Essenzen, die dich erweitern. Sie bringen dir Segen und helfen dir zu verstehen. Erzengel Chamuel, der Engel der Liebe, begleitet mich und überbringt Dir die Botschaft der bedingungslosen Liebe. Wir beide nehmen dich jetzt an die Hand und geleiten dich auf einem Stück deines Weges, denn Du hast diesen Wunsch geäußert. Du möchtest getragen werden, bis Du die Reife erlangt hast, alles selber sehen zu können. Und damit meinen wir nicht urteilen, sondern teilhaben am Leben. Mit Spaß und Freude dabei zu sein.

In die Freude hinein, ganz einfach das Leben so zu lieben wie es ist, möchtest du lernen. Die Erlösung deiner selbst ist nur eine Komponente davon. Sich von bekannten Ängsten zu trennen, sie zu durchschauen und ihnen zu danken, die andere Komponente. Es ist die menschliche Achse, um die Ihr euch immer wieder dreht wenn Ihr ins alte Thema geht. Automatismus nennt man das bei euch. Warum erwartet ihr denn nicht einfach, dass sich alles neu und wunderbar fügt? Was haltet ihr jetzt auf mit euren Ängsten? Nichts, außer eurer Entwicklung.

Spürt euren Widerstand zum Neuen hin. Es ist eine kraftvolle Energie. Wandelt sie: „Ich gebe jeden Widerstand auf". Visualisiere, wie Du einen Hammer, oder etwas anderes, fallen lässt, dann aus dem „Tun oder Beschäftigt sein" herausgehst und den Kopf hochnimmst. Ich höre Dich, und ich sehe Dich, wie du da stehst. Drücke jetzt auf den Knopf: „Empfang".

Du lädst jetzt das neueste Programmheft für Dich und Dein Leben herunter. Es gibt Dir die Möglichkeiten, wie Du das Leben führen kannst. Bleibe empfangsbereit, denn die Engel werden dir Vorschläge geben und dich weiterhin fürsorglich begleiten. Drama, Drama. Ja, das Drama. Hab auch mal ein bisschen Spaß dabei ein Drama zu leben. Jetzt und hier kannst du es. Du bist eine reine, klare Seele. Vergiss dies nie! Die Engel danken dir.

Erzengel Raguel

Die goldene Energie und seine Bedeutung

Der goldene Strahl erleuchtet in Dir heißt es, aber was bedeutet das für dich? Es ist eine Anreicherung von Nährstoffen, die du bisher entbehrt hast. Diese Nährstoffe gehen direkt in Deinen Hormonhaushalt hinein und verändern Dich von innen nach außen. Dies geschieht gänzlich unbewusst. Es ist ein leises Prickeln, wie bei einer Brause die man zu sich nimmt.

Diese Hormone gestalten dich neu, denn sie greifen auch in die DNS ein, wo sie sich leuchtend auf euch auswirken. Es ist wie ein Impuls, der euch durch und durch schüttelt und rüttelt. Sie bringen in euch eine neue Harmonie empor, die Ihr bis dato nicht kanntet.

Warum tun wir das? Ganz einfach, um Euch den Einstieg ins neue Zeitalter zu erleichtern, Eure Energie zu erhöhen und Euch aus den Dramen zu führen. Die Augen zu öffnen für euch selbst und euer Leben.

Wieso geschieht all dies? Ihr seid gebunden an der Erde und seht den „Weltraum" nicht als zu euch gehörig an. Ihr seid „erdverbunden" und das ist gut so. Dennoch gibt es weitere Komponenten die euer Dasein erweitern werden. Es sind kosmische Strahlen, die auf euch einwirken, damit ihr mehr und besser kommunizieren könnt mit Uns und den Anderen im Weltall.

Es soll euch eine ganz andere Welt eröffnet werden, die so bunt und vielfältig ist wie nur irgendwas.

Warum nicht jetzt? Jetzt ist immer der beste Zeitpunkt um anzufangen. Und so bitten wir dich, die kosmischen Liebesstrahlen zu empfangen.

„Ich öffne mich, um die kosmischen Liebesstrahlen zu empfangen. Ich integriere sie und nehme sie in mir auf. Ich verankere dieses neue Bewusstsein in mir. Danke."

Friede sei mit Euch.

Erzengel Metatron

Verkündung

Ich bin Joseph von Nazareth und verkünde euch große Freude die einhalten wird. Freut Euch, denn der Morgen ist angebrochen. Es herrscht eine frische, kühle, reine Luft. Atmet sie ein, es ist die Veränderung in Euch, die jetzt emporkommt. Genieße sie wie einen Frühlingstag.

Erwachen. Es ist die Zeit des Erwachens! Es kommen bunte Regenbögen auf Euch zu. Wir sammeln die Energie der Erde ein und geben ihr ein neues Kleid. Ein buntes und auch purpurnes Kleid gleichzeitig. Eine Erkennungsmelodie wird erzeugt. Eine Melodie, zu der ihr alle tanzen könnt. Es ist so schön hier zu sein werdet ihr singen. Die Botschaft des Frühlings ist aus der Angst heraus zu kommen. Heraus in den Genuss des Daseins hinein. Entstauben, lockern und in den Tag hinein singen. Fröhlich sein, sich spüren und annehmen. Ihr seid wie Sprösslinge die emporkommen aus der Dunkelheit der Erde und die das Sonnenlicht nun sehen. Es ist ein wunderschöner Kreislauf der euch begleitet. Ihr sterbt viele tausende Tode um dennoch immer wieder gestärkt aufzuerstehen. Jeder Tag bringt dieses Sterben und Auferstehen, in klein und in groß. Es ist wie ein Erwachen aus dem Alten, das nicht mehr ist. Das Abschütteln von alten Schalen, die Euch nun zu eng sind. Eure ganze Anatomie verändert sich, ihr werdet leichter. Spürt ihr dies? Wenn ja, dann gut. Wenn nein, dann ist das auch OK. Es bedeutet nur, dass Du es nicht spürst, aber nicht, dass es nicht stattfindet. Denn es findet statt, unabhängig von deinem Gefühl dafür. Was ist zu tun außer zu Ruhen? Sich ständig winden bringt dir den Erfolg, denn Du schlängelst dich aus der alten Schale heraus. Beweglich sein. Dieses Winden und Schlängeln ist ein Befreien von alten Mustern. Es geht voran. Das Winden ist die Aktion des nicht mehr so sein Wollens. Es ist die bewusste Annahme alter Muster, die sich erledigt haben, aber noch im Umfeld sind. Ihr wollt sie nicht mehr und darum sträubt ihr euch zurückzufallen. Dies ist gut so und wir helfen euch dabei. Ihr spürt es, wenn eine Distanz erreicht ist und Ihr die Wahrheit hinter diesen Automatismen seht. Wenn es dann vorbei ist und Ihr diesen „Tod" durchlebt habt. Es wird dann ganz hell und ihr seht viel weiter. Die Dankbarkeit empfangen zu dürfen spielt dabei eine große Rolle, denn Dankbarkeit erweitert deine Empfangsbereitschaft. Empfangsbereit, ja, sei empfangsbereit. Es kommen so schöne Dinge auf dich zu. Spüre jetzt, wie deine alte Schale abfällt. Du hast sie gelöst und nun fällt sie von dir ab. Du spürst den Frühling in dir und Du nimmst ihn an.

Atme Kind, atme.

Joseph

Was uns so beschäftigt

Ihr seid so beschäftigt mit euch selbst, dass ihr so oft das große Ganze nicht seht, oder sehen wollt. Seht ihr, wie die Welt sich verändert? Seht ihr, die Menschen um euch herum? Was tun sie? Die Menschen suchen sich selbst in ihren Aufgaben, die sie sich selber gestellt haben.

Was tun sie nicht? Sie ruhen sich nicht aus um neue Kräfte zu sammeln oder um sich selbst zu sammeln. So wird man zerstreut und der Fokus auf das Wesentliche geht verloren. Was tun wir also? Wir bewältigen Aufgaben, ohne wahrzunehmen, was wir eigentlich tun. Darum geht es hier: Bewusst Leben! Sich bewusst zu sein, was man macht. Nicht warum, weshalb, und sowieso, sondern einfach nur wahrnehmen, zur Kenntnis nehmen.

Schwierig? Ja, vielleicht, denn ihr fallt schnell in die Falle auch dies zur Aktivität zu machen anstatt es einfach nur einwirken zu lassen. Sich selbst im Lichte sehen und wahrzunehmen, dass man Gott dient, egal was man gerade macht. Alles gehört zum Schöpfungsprozess, alles. Ihr macht da keine Ausnahme, denn auch Ihr „regelt" euer Leben durch schöpferisches Handeln. Seid euch dessen bewusst. Das ist alles, was wir hier sagen. Spannend wird es, wenn man das gemeinsame Erschaffen erkannt hat und nicht nur nickt, sondern seine eigene Vielfältigkeit dabei sieht. Wie man singt und lacht, und anders herum auch urteilt, „böse" ist, und vieles mehr.

Was macht man da? Man lebt sich selbst. Nimm es wahr und nimm es an. Ja, es wird der Tag der „Abrechnung" kommen, aber habt doch keine Angst davor, denn Ihr seid so wunderschön und erfüllt alle eure Aufgaben. Es wird doch dann kein Urteilen herrschen, sondern ein wunderschönes Loslassen von all dem, was euch einengte. Ein Verstehen und Verzeihen.

Lasse los von dem Zwang irgendwas bestimmtes sein zu müssen. Die Wahrheit ist immer das, was Ihr im Herzen spürt. Dort, wo auch mal geschrien wird und nicht nur immer gesungen. Beides bedeutet etwas, beides ist Energie. So nimm beides an. Denn beides dient Dir und damit Gott und dem Schöpfungsprozess. Fängst du an zu verstehen wie das Eine das Andere beeinflusst? Siehst du es? Kannst du dir vorstellen wie bunt und vielfältig alles erschaffen wird, von klein an? Beobachte Dich selbst und genieße es. Jede Sekunde, jeder Augenblick, hält etwas magisches in sich. Entdecke so das Magische in Dir und Deinem Leben. So sei es.

Erzengel Gabriel

Lichtvolles Dasein

Viele von euch prüfen das lichtvolle Dasein. Ob sie es wollen oder doch eher noch nicht. Was ist denn der Unterschied bzw. die Alternative? Die Alternative ist zu verharren. Das ist OK, wir urteilen nicht. Es sind lediglich Optionen. Versteht Ihr das? Das Lichtvolle ist gleichzeitig das Leichte, die Leichtigkeit. Aber es bedeutet auch die Aufgabe der Kontrolle. Puh, ist das ein: „Oh Gott ist das schwer oder ein Juhu, endlich?"

Was ist Dein innerer Zuspruch, jetzt und hier? Loslassen können von dem „es besser zu wissen" als Dein innerster Kompass? Kannst Du anfangen die Leichtigkeit im Leben anzunehmen? Kannst Du das Schöne und Verändernde darin sehen? Sehen, wie alles sich „ent-wickelt", ohne die Angst zu haben die Kontrolle zu verlieren?

Ja, die Kontrolle ist schon ein zweischneidiges Schwert. Denn fühlst du sie mal in deinem Ego und meinst, dass Du sie hast, so ist sie schon wieder weg. Denn Dein Ego spielt immer wieder neue Szenarien ab. Das ist das „Dunkle" in dir. Hast Du es unter Kontrolle? Das geht nicht. Dein Denken kann keine Kontrolle haben, sondern Dir höchstens für eine kurze Zeit etwas vorspielen. Wer hat denn die „Kontrolle"? Wir sagen es so: Keiner, und doch alle zusammen. Dein höheres Selbst (deine Seele), mit all den Anderen zusammen, in einem göttlichen Gefüge. In einem göttlichen Plan auf und für diesen Planeten. Sage Ja zu deinen Ängsten. Sage Ja zur Veränderung. Desto leichter und lockerer ist es.

Was ist schon so schwer wie ein Gedanke der Schwere? Beobachte dich selbst und lächele über die Ängste und deren Gestaltung. Sei dir bewusst, dass Du ein göttliches Produkt der Liebe bist. Eine Energie, die sich hier auf der Erde manifestiert aber doch so weitläufig und über Grenzen hinweg Bestand hat! Du bist grenzenlos! Also warum einschränken auf dieser Ebene? Nimm Deine innere Führung an und akzeptiere diese innere Weisheit als dein Höchstes Gut. Du weißt, dass Du geborgen bist. Aus der Tiefe Deines Herzens steigt dieses Bewusstsein empor. Es klopft bei dir an und bittet um Einlass. Die Geräusche werden stärker und auch Du hörst sie. Es sind Botschaften der inneren Freude. Nimm sie an!

Erzengel Gabriel

Innere Schwäche

Fühlt Ihr euch manchmal richtig platt und ausgelaugt? Was fehlt euch dann? Was ist es, das dieses Gefühl hervorruft? Machtlosigkeit, oder Aufgabe im Sinne von alles zu schwer? Wie dem auch sei, es ist ein Gefühl des Mangels, des nicht erreichen Könnens von dem, was man möchte. Die Ziele scheinen zu weit weg von dem, was ihr meint erreichen zu müssen. Ist dies so? Wenn ja, dann nimm Dir jetzt die Zeit und leuchte nach Innen. Was steht da geschrieben? Ist dort eine Tafel mit großen Buchstaben drauf? Was steht da drauf? Schaue genau hin! Es könnten dort Dinge stehen wie: „Erschöpfungszustand der modernen Form", „keine innere Ruhe", „Angst vor dem Neuen" oder etwa „Ich will nicht mehr"! Spüre dich hinein in die Wörter oder Botschaft. Es können dort auch ganz andere Formen oder Bilder erscheinen, die Dich aufwecken sollen, zu dem was du tust, zu dem, das diesen Zustand hervorruft. Steht dort jetzt auf der Tafel auch eine Lösung (oder mehrere) wie zum Beispiel: „Abkehr von dem, was man Tag täglich tut", „Nimm dich selbst in den Arm", „Vertraue auf das Morgen" oder „Sei wachsam und erkenne die Zeichen".

Wir bitten dich diesen Zustand durchaus zu beleuchten, denn es ist Deiner, zu „lösen". Es ist Deine Aufgabe diesen Pfad der Genugtuung zu finden. Den Pfad, der sich kraft- und machtvoll anfühlt.

Er ist da, dieser Pfad. Sei dir dessen bewusst. Verharre nicht. Wir bitten Dich: „Betrete ihn!" Wie Du das tun sollst? Frage dich dieses nicht, denn die Antwort kommt von woanders als du vermutest. Die Antwort ist in Dir schon emporgestiegen als du angefangen hast dir dieses Bild vor Augen zu führen. In dem Moment hat sich eine Schleuse geöffnet. Nun musst du nur noch warten, bis Dir die „Lösung" in die Hände gespült wird. Du wirst sie erkennen, ganz sicher. Es könnte zum Beispiel sein: „Siehe nur das Schöne in Dir, akzeptiere nichts anderes als nur das Schöne und Gute in Dir". Erlaube es emporzusteigen, jetzt und immer fort. Jetzt und immer fort. Dieses Gefühl und Wissen um was es geht, ist eine ganz spezielle kraftvolle Energie, die aus Dir geboren wird und in Dein Bewusstsein steigt. So einfach ist das.

Erzengel Metatron

Botschaft des Tages

Warum ist es wichtig jeden Tag Botschaften zu empfangen fragst du? Was tust Du denn, wenn Du dich täglich öffnest um zu empfangen? Richtig, es ist impliziert. Du empfängst bewusst. Wichtiger als die Botschaften selbst sind die gegenseitig mitfließende Liebe und die Demut vor all dem, das ist.

Wir spüren diese Liebe auch in Dir und den Drang dich „erweitern" zu wollen. Deine Ängste spielen dabei keine Rolle, die lässt du außen vor. Das ist das Schöne daran, du erwartest keine Lösung von uns. Du erwartest lediglich, dass wir hinhören und Dir so helfen, wie wir es für richtig halten. Genauso ist es, wir übernehmen nichts für dich aber wir führen dich wohin du möchtest. In Dein neues Dasein hinein, dass du doch so sehr sucht. Die reine, klare Geistesgegenwart ist das, was Du suchst. Rein zu sein, von niederen Dingen wie Ängsten, Ärger und dergleichen. Doch der Ausgleich (den Fluss der Dinge so anzunehmen, wie sie auf Dich zukommen) muss erst kommen. Die Zweifel sind noch da und dennoch siehst du schon den Erfolg. Das Alte muss mit dem Neuen ausgeglichen werden. Noch bist du dabei dies zu tun. Ja, es dauert, aber es ist eine schöne Reise um zum Ziel zu kommen.

Glaube uns und genieße jeden Schritt der Erweiterung. Ja, Du spürst die Veränderung in dir. Die schönen Dinge des Lebens nehmen zu und die „nicht so schönen" nimmst du als solche in einem immer höheren Bewusstsein wahr, dass beide Erfahrungen für Dich sind. Das ist nichts Neues sagst du. Das mag so sein. Dennoch spüre diese Wahrheit in dir. Spüre jetzt, wie Du mehr Luft hast als früher, als du noch in Hektik und Angst ausgebrochen bist. Jetzt bist Du viel ruhiger und erkennst die Dinge als das, was sie sind: Vorübergehend. Genieße es auch mal das Leben einfach nur so an dir vorbeifließen zu lassen. Und das, ohne einzugreifen. Wir sind so froh, dass Du uns täglich besuchen kommst. Wir schätzen Dich sehr. Es ist eine Gabe dies so tun zu können. Dem bist du dir bewusst. Du kennst den Weg zu uns und beschreitest ihn nunmehr mit Routine. Es ist schön, dass es so ist.

Erzengel Raguel

Warum Ihr auf uns hören solltet

Hallo liebe Kinder! Denn das seid ihr für uns. Genauso seid ihr aber auch unsere Brüder, Schwestern und unsere Freunde.

Was habt Ihr davon, wenn ihr uns zuhört? Was soll Euch das schon bringen? Was bringen wir Euch denn schon außer Anleitungen und Versprechungen? Wir bringen Euch das Verständnis für Euch selbst! Sich selbst kennen.

Wie tun wir das? Wir bringen Euch immer wieder an eure Grenzen, damit ihr hinüber schauen könnt, in neue Bereiche des Lebens hinein. Auch in Bereiche, die euch Angst machen könnten.

Warum tun wir das? Zur Erweiterung Eures Horizontes.

Woran liegt euch mehr, Langeweile oder Action im Sinne von Erfahrungen sammeln?

Stress hat jeder, darum geht es nicht. Es geht darum, das Unergründbare zu ergründen, sich selbst.

Wir bringen euch die Substanzen, die Botschaften und die Energien dafür. Es sind Energien, die dann nur für Euch bestimmt sind. Für keinen Anderen!

Diese Energien wachsen in Euch und bringen ein Bedürfnis empor. Es ist so wie ein Ventil in einem Staudamm, das irgendwann nachgibt. Dann strömt die Energie nach außen, die nach außen soll. Hinein in ein neues Abenteuer.

Es ist dann bereits Eure Energie und sie wird keinesfalls vergeudet, sondern genutzt wie die Sonne, die in euch scheint. Es kommen neue Strukturen empor und Ihr wandelt euch in Euch selbst, so dass Ihr mehr und mehr zu Eurem klaren, reinen Selbst werdet.

Erzengel Metatron

Die bernsteinfarbene Sonne in Dir

Es gibt eine Sonne in Dir, die sehr aktiv auf Dich einwirkt. Sie beunruhigt dich manchmal, denn sie ist so kraftvoll. Diese Sonne ist eine Reflektion Deines inneren Kraftortes. Es ist ein Strahl, der durchdringend ist und auch beruhigend wirken kann, je nachdem, auf welcher Sprosse Du gerade stehst. Was gemeint ist, ist das Du Dich selbst wiedererkennst in dieser Sonne. Es ist mal erschreckend und mal beruhigend für dich. Wir möchten mit dieser Sonne in dir üben. Diesem Spiegel deiner selbst. Je mehr Du hineinschaust in diesen Strahl, desto genauer siehst du, was dort geschieht und desto mehr lernst du Dich selbst kennen.

Benutze jetzt diesen bernsteinfarbenen Strahl um in dir Deine eigenen Dinge zu klären. Denn das ist genau was geschieht, wenn du anfängst den Frieden anzunehmen, der in diesem Strahl steckt. Du siehst klarer und klarer und kommst Deiner eigenen Essenz näher. Darum öffne jetzt deine Poren und lasse Deine bernsteinfarbene Energie aus dir herausströmen. Umfange sie mit deinen Armen und bringe sie zurück in deinen Körper und Aura.

Es ist wie ein Spiel mit umhüllenden, warmen, Energien. Du nimmst sie wahr, fühlst sie, lässt sie los, holst sie wieder heran. Bewegst sie hier, oder dorthin. Spiele mit diesem schönen Strahl und lasse ihn auch mal los, damit er dort hin kann, wo er hin soll. Der purpurne Strahl, der jetzt auf dich zukommt, unterstützt den Vorgang, denn er ergänzt dich in Deiner Beschaffenheit. Er hilft beim Manifestieren der neuen Eigenschaften, die Du durch diese Übung gewonnen hast. Deine Konzentration auf dich selbst tut dir gut. Ihr dürft es ruhig öfter tun: Euch um euch selbst bemühen. Das ist das Tor zur Erweiterung. Ein wunderschönes, purpurnes Tor mit ganz vielen Zierden, Ornamenten und einem Strahl aus bernsteinfarbenen Essenzen.

Wir unterstützen Euch bei dieser Aktion, in dem wir Euch beistehen und auch geleiten in Euren Bemühungen euch zu öffnen, um diesen Strahl der Essenz herauszulassen.

Erzengel Raguel

Deine Notizen

Deine Notizen